Rainer Peters

Walter Gieseking

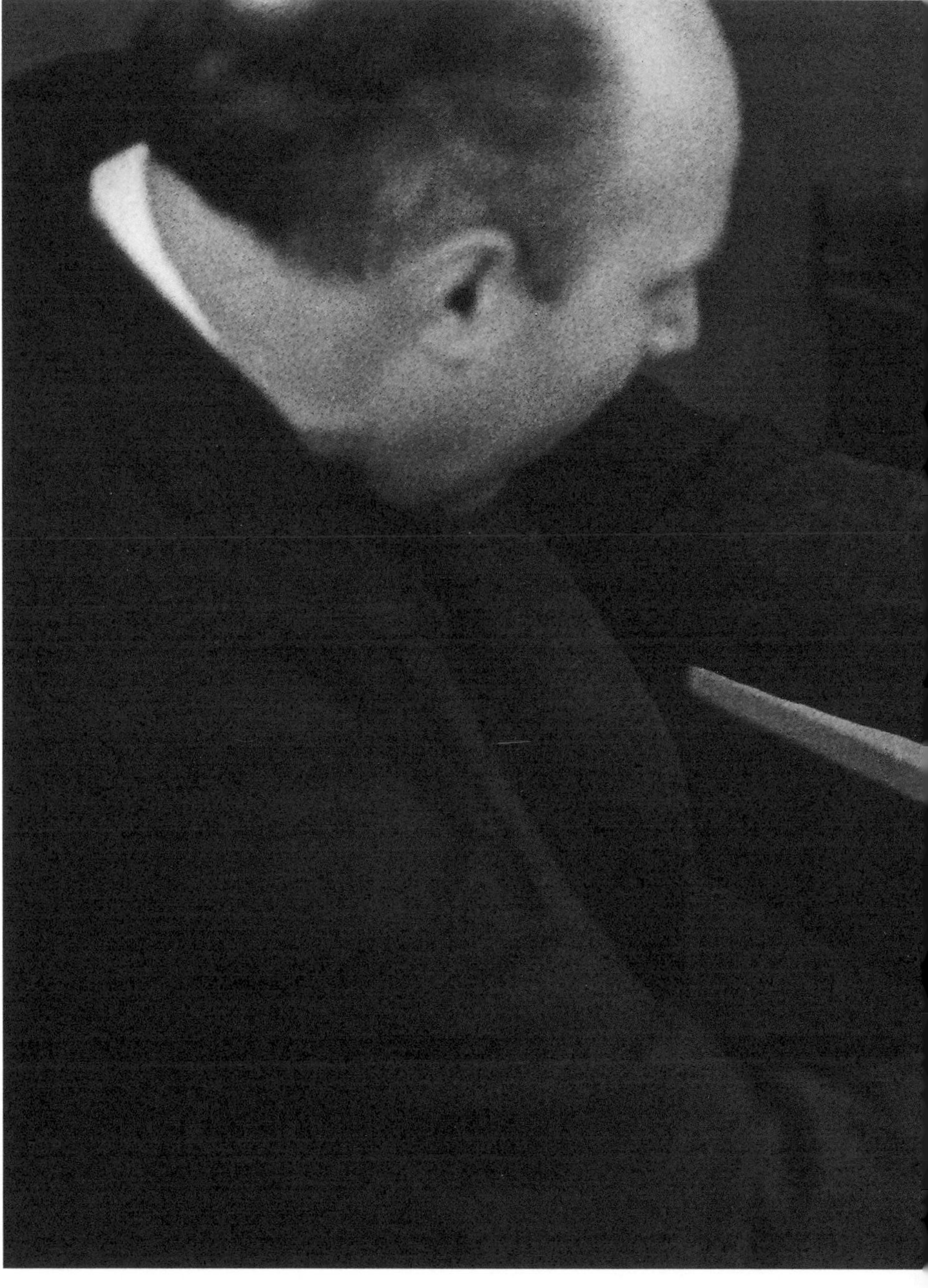

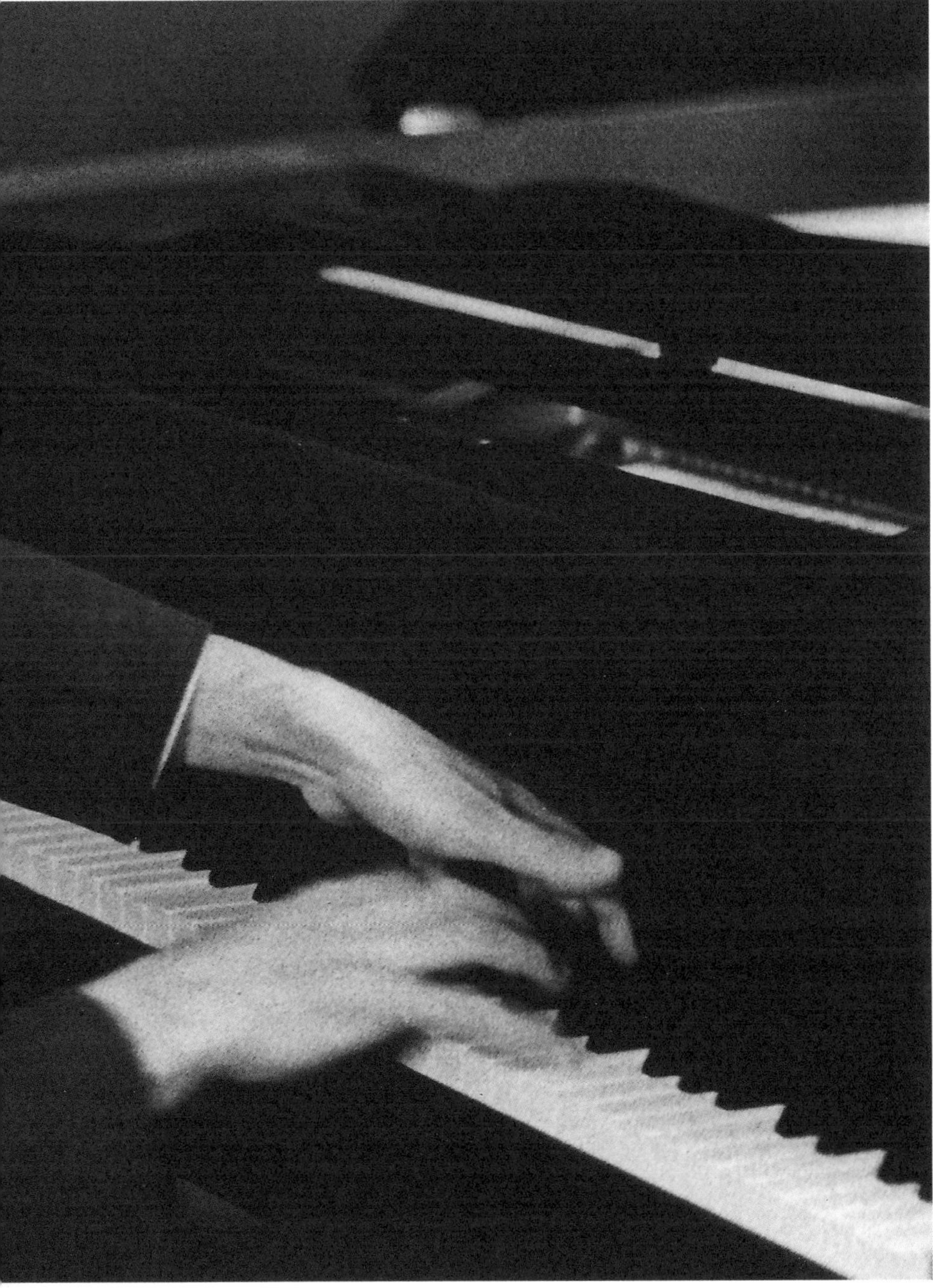

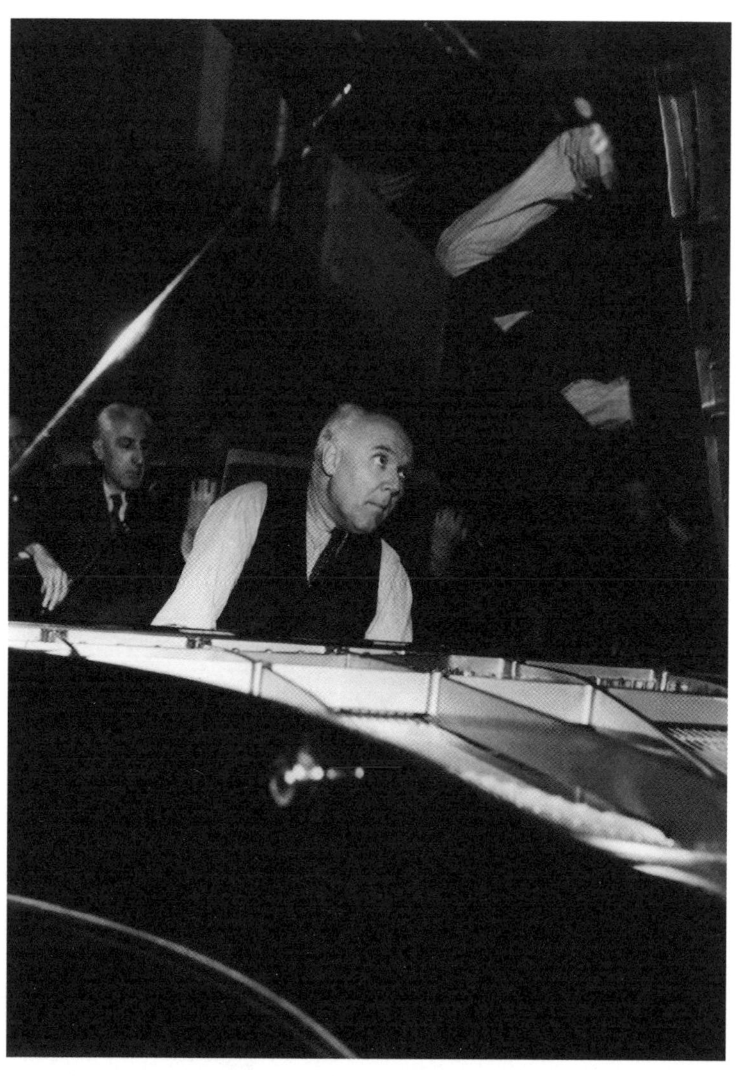

Rainer Peters

Walter Gieseking
Die Paradoxie des Vollkommenen

wolke

Erstausgabe

Wolke Verlag, Hofheim 2021
Gestaltung:
Friedwalt Donner, Alonissos

ISBN 978-3-95593-103-2

www.wolke-verlag.de

Inhalt

Das Wunder Gieseking 11

Repertoire 21

Karrierestart 29

USA 33

The Gieseking Case 41

Proteste 53

Zweite Karriere 58

Sein Spiel, seine Aufnahmen 61

Zwei Musikkritiker 73

Einige Klavierkonzerte 77

Ein Foto 83

Einige Italiener 91

Giesekingiana 97

Walter Gieseking – Kurzbiographie 107

Literaturhinweise 115
Abbildungsnachweise 116
Namenregister 117

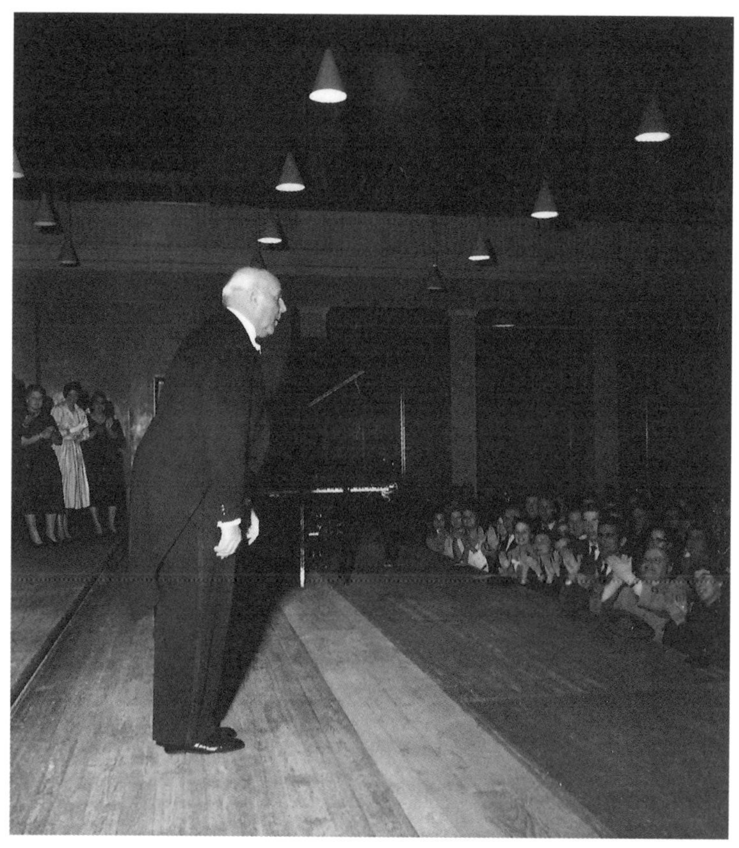

Letztes Konzert: München, Herkulessaal, 11. Oktober 1956

Die Musik des tauben Beethoven
wird mir existenziell verständlicher,
besonders gehört für mich dahin
der große Variationssatz aus Opus 111,
den wir mal zusammen von Gieseking hörten.

(Dietrich Bonhoeffer aus dem Gefängnis Tegel
an Eberhard Bethge)

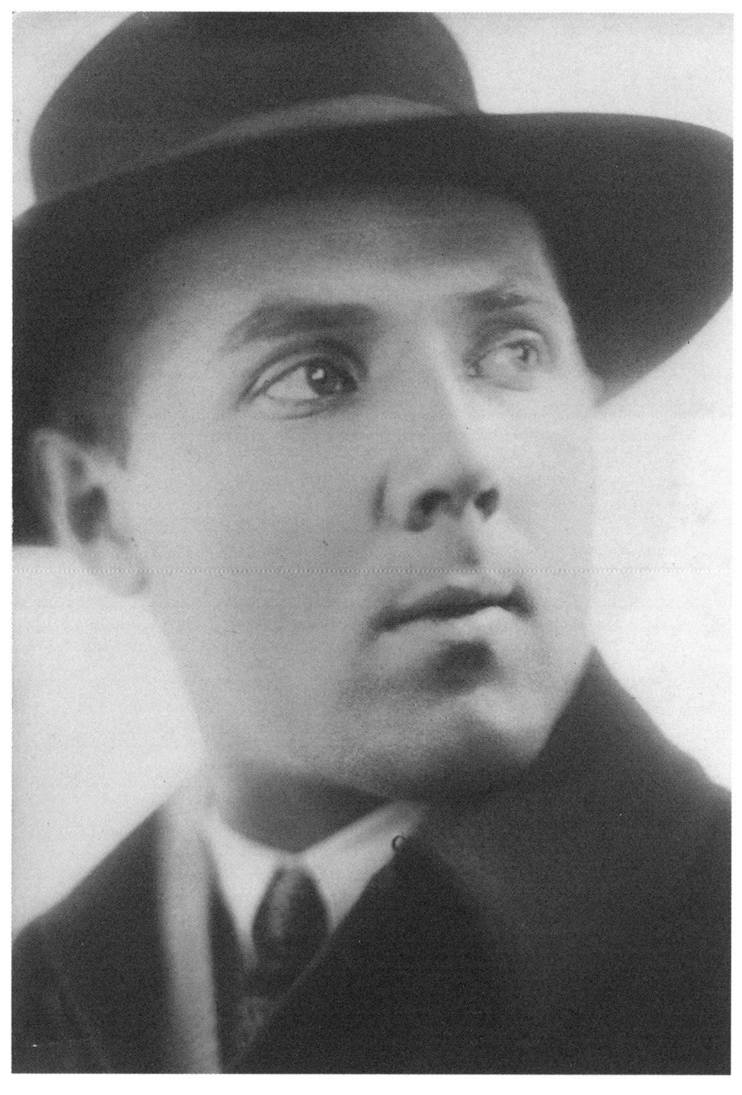

Das Wunder Gieseking

„Walter Gieseking, für mich neben Wilhelm Backhaus und Wilhelm Kempff der Gigant unter den deutschen Pianisten" – so liest sich das „Ranking" des Dirigenten Wolfgang Sawallisch, das wenig Widerspruch finden wird. Zum leicht erweiterten Kern einer deutschen Pianistenschule des 20. Jahrhunderts werden noch der Schweizer Edwin Fischer gezählt, der Baltendeutsche Eduard Erdmann, der Chilene Claudio Arrau, der Österreicher Artur Schnabel, der allerdings – wiewohl sich seine legendären Beethoven-Aufnahmen in Hitlers Schallplattensammlung fanden – den Rassereinheits-Ansprüchen der neuen Herrenmenschen nicht genügte; und der Böhme Rudolf Serkin, der ebenfalls fliehen musste und so deutsch war, dass er den Amerikanern mit Max Regers Klavierkonzert eine Freude machen zu können glaubte.

Die Frage, worin denn Lebenslauf, Begabung, Ausbildung, Stil und Repertoire Giesekings sich von den Vergleichskandidaten unterscheide, lässt sich kurz beantworten: in allem! Schon das trilinguale, naturkindhafte, unstete, ungeregelte, schullose Aufwachsen in gesegneten Gegenden Frankreichs und Italiens – zwischen Menton und Villefranche-sur-mer, Neapel und Nizza – als unehelich-staatenloser Sohn eines Arztes, der als Schmetterlingsforscher und -händler sein Auskommen fand, hat keinerlei Ähnlichkeiten mit anderen Pianistenbiographien und scheint als Basis für eine geordnete Künstlerexistenz denkbar ungeeignet. Schulische Unterweisungen erteilten die freidenkerischen, nonkonformistischen Eltern, den Anstoß zum Klavierspielen bekam der Sohn als Vierjähriger: es soll kurzfristig einen Privatlehrer gegeben haben, aber im wesentlichen war Gieseking in jeder Hinsicht Autodidakt. („Als Fünfjähriger entdeckte ich, dass ich lesen und schreiben konnte.") Und wenn man in seinen bruchstückhaften Erinnerungen *So wurde ich Pianist* die mehr beiläufig erzählte Anekdote zur Kenntnis nimmt, wie er als Kind zwei eher desinteressierten Französinnen Schumanns C-Dur-Fantasie vorspielte, wird man darauf programmiert, lauter Wunderdinge zu erfahren: ein Siebenjähriger und Schumanns ekstatischer Liebesschrei nach Clara, vor dessen technischen Anforderungen sich auch abgebrühte Pianisten heute noch bekreuzigen! Wie soll das gehen? Und für den Zwölf- oder Vierzehnjährigen galt bereits: „Ich kannte und spielte damals das meiste von Bach, wohl den ganzen Beethoven, Schumann und Chopin, einigen Schubert, auch Mendelssohn…"

Jede Betrachtung des Pianisten Gieseking muss wohl von der singulären, unbegreiflich „natürlichen" Leichtigkeit ausgehen, mit der schon dem Kind die komplexen Abläufe des Erfassens und Wiedergebens klassisch-romantischer Klaviermusik zuflogen und deren wissenschaftlich erklärbarer Anteil in die Zuständigkeit eines Neurologen wie Oliver Sacks gehört hätte. Giesekings Biographie ist gesäumt von Berichten über die unglaubliche Geschwindigkeit, mit der er neue Stücke lernte und abspeicherte – eine Fähigkeit, die mit den Begriffen fotografisches oder eidetisches Gedächtnis umschrieben wird und ihren Besitzern, die häufig „Sonderbegabungen" oder Autisten oder Savants sind, nicht durchweg Vorteile bringt. In Wissenschaft und Belletristik trifft man gelegentlich auf die erstaunlichsten Gedächtnisbesitzer, die ihre zerebralen Spezialleistungen mit gravierenden Defiziten, gar verkürztem Leben bezahlen müssen. Häufig wird auf den russischen Reporter Schereschewski hingewiesen, der zwar später als professioneller Gedächtniskünstler arbeitete, in einer synästhetischen Informationsflut aber förmlich zu ertrinken drohte, zunehmend verwirrt und depressiv wurde. Jorge Luis Borges erzählt in seiner Novelle *Das unerbittliche Gedächtnis* von einem uruguayischen Indianerjungen, der infolge eines Reitunfalls zwar gelähmt, aber plötzlich mit einem absoluten Gedächtnis begabt ist. Er stirbt mit 19 an der Last der Erinnerungen. Früh sterben muss auch der musikalisch-mathematische Wunderknabe Guido, den Aldous Huxley als *Jung-Archimedes* porträtierte. Gut dokumentiert ist der Niedergang des ungarisch-amerikanischen Pianisten Ervin Nyíregyházi, dessen eidetische Höchstleistungen mit exzessivem, selbstzerstörerischen Lebenswandel einhergingen.

Gieseking dagegen erscheint, abseits seiner Spezialbegabung, als Bürger und Familienmensch von auffallender Normalität und Ausgeglichenheit; auf den zahlreichen privaten Fotos (darunter einige mit James Dean und Ursula Andress!) lächelt, lacht und kommuniziert er – ein freundlich-fröhlicher, jovialer Hüne mit riesigen Händen, denen man einen sensiblen Umgang mit den 88 Klaviertasten (und Schmetterlingen) nicht zutraut. Nicht geheuer wurde es Beobachtern meist dann, wenn sie direkte Zeugen seiner Gedächtnis-Abnormität wurden; und es wurde ihnen besonders unheimlich, wenn sie Musiker waren und sich damit veranlasst sahen, ihre Möglichkeiten mit denen Giesekings zu vergleichen, ihre Auftrittsängste mit seiner unbekümmerten Selbstgewissheit. Hubert Giesen etwa, der berühmte Sänger-Begleiter – der kurz nach dem Krieg gelegentlich davon profitierte, dass man ihn wegen der partiellen Namensgleichheit mit Gieseking verwechselte –, verbrachte einige Tage gemeinsam mit ihm in einem New Yorker Hotel nahe der Carnegie Hall, wo beide Auftritte hatten. Wobei Giesen, der natürlich jeden Tag stundenlang übte, feststellte, dass Gieseking seinen Baldwin-Flügel so gut wie nicht anrührte. Am Konzertabend klopfte Gieseking, bereits im Frack, beim Kollegen an: „‚Komm, gehen wir essen. Ich habe noch zwei Stunden Zeit.' ‚Du hast Dich doch noch gar nicht eingespielt', sagte ich. Er zuckte die Achseln, ging mit mir essen, unterhielt sich mit mir über alles mögliche, warf schließlich einen Blick auf die Uhr und bestellte ein Taxi. Dann fuhr er in die Konzerthalle, setzte sich an den Flügel und spielte sein Programm mit sämtlichen Zugaben hinreißend. Er hatte das Gedächtnis eines Computers und ein geradezu unerschöpfliches Repertoire, auf das er jederzeit zurückgreifen konnte."

Bei einer anderen ihrer Zusammenkünfte spielten sie ein Gieseking unbekanntes vierhändiges Klavierstück vom Blatt: „Als wir die erste Seite beendet hatten, legte ich ein Buch über seinen Part und sagte: ‚Spielen wir es nochmal', und er spielte es fehlerfrei. Er hatte das Gedächtnis einer photographischen Platte."

Giesens Anekdoten geben einen Eindruck vom Dasein eines „glückhaften Virtuosen", bei dem die günstigsten Bedingungen für eine stressfreie Existenz in einem der nervenzerrendsten musikalischen Berufe zusammentrafen. Gieseking hatte – natürlich – das absolute Gehör; er konnte alles, was ihm vorgesetzt wurde, mühelos vom Blatt lesen (Der Kulturpublizist Oscar Bie erlebte ihn beim *prima vista*-Spielen von komplizierten Novitäten der Berliner Schreker-Klasse und schrieb darüber: „...unbegreiflich...als ob er die Stücke tausendmal vorgetragen hätte. Es ist ein Wunder!"); seine dafür zuständigen Hirn-Areale speicherten alles, was er spielte, dauerhaft; er konnte sich zudem jederzeit auf eine manuelle Technik verlassen, der die Kategorie „Unspielbarkeit" fremd war. Dies wiederum mutet so unglaublich an – verstößt geradezu gegen Naturgesetze –, weil Gieseking wenig übte und sein Unverständnis für Kollegen, die ihren Geist und Spielapparat unaufhörlich trainierten, gelegentlich aussprach. (Seine Sentenz „Wer badet, hat's nötig, wer übt, auch" hat Harold Schonberg der Nachwelt überliefert.) Das Staunen über diese Disposition mutiert in Fassungslosigkeit angesichts von Bekenntnissen, Überlegungen und Empfehlungen, wie man sie im Aufsatz *Wie Künstler üben* (1937) vorfindet:

> „Technische Übungen mache ich nie. Ich halte diese überhaupt für fast ganz überflüssig. Wenn der Schüler Tonleitern, Arpeggien und ähnliche Grundelemente der Klaviertechnik einmal gelernt hat, kann er sie doch! Wozu also die Finger anstrengen und langweilen?... Jedenfalls habe ich seit 1913, also seit meinen ersten Konservatoriumsjahren, keine Tonleitern und Fingerübungen mehr geübt und habe daher auch kein tägliches Arbeitspensum."

Man fragt sich besorgt, was Giesekings spätere Studenten mit solchen Einsichten angefangen haben könnten. Als Repräsentant für Sloterdijks Beobachtung, dass die Erde ein „Planet der Übenden" sei, eignet sich Gieseking jedenfalls denkbar schlecht. Von unschlagbarer Logik war auch seine Argumentation, dass, wenn er tagsüber übte, er abends zu müde sei, Konzerte zu spielen. Und, überhaupt, verhalte sich die Länge der Übezeit umgekehrt proportional zum Talent.

Leicht verbittert berichtet er davon, dass Chopins berüchtigt schwere C-Dur-Etüde, die Eröffnungsübung von op. 10, ihm sechs Stunden lang Widerstand geleistet habe – ein Stück im Übrigen, das Horowitz nicht öffentlich zu spielen wagte. Aber, so beruhigt Gieseking den Leser, „dies blieb ein Einzelfall."

Bei Vergegenwärtigung all der superlativischen Prädispositionen entsteht das Bild eines gänzlich souveränen und angstfreien, allen Schwierigkeiten jederzeit gewachsenen, zudem weltweit bewunderten und beliebten Musikers, dem die tägliche Präsentation der Meisterwerke weniger existentielle Herausforderung als beflügelnder Aufenthalt im Lebenselixier war.

Und es wandern die Bilder all der skrupulösen, mit sich und dem Werk ringenden Pianisten an unserem geistigen Auge vorbei, die autoflagellantisch ihre tatsächlichen oder vermeintlichen Unvollkommenheiten nacherleben, jahrelang an neuen Stücken feilen, Auszeiten zur Selbstvervollkommnung nehmen, mit ihren diskographischen Hinterlassenschaften hadern, an Erwartungsdruck und Lampenfieber zugrunde gehen. Die destruktive Selbstkritik von Pianisten wie Swjatoslav Richter („ich liebe mich nicht") Michelangeli, Zimmerman oder Anderszewski war Gieseking ebenso fremd wie die Skrupel, die Artur Schnabel bei der Aufnahme der Mozart-Sonaten überfielen und Rudolf Serkin jahrzehntelang vor den späten Beethoven-Sonaten zurückweichen ließen; und erst recht die Minderwertigkeitsgefühle von Clara Haskil, die an schlechten Tagen eine Zukunft als Putzfrau in Erwägung zog. (Wie sehr sie über

Einige Tage darauf bin ich nachmittags bei Schreker und der Pianist Gieseking kommt auch hin, der eben in seinem Konzert einen außergewöhnlichen Erfolg davongetragen hat. Er spielt Debussy und Ravel besser als irgendein Franzose. Und er sieht urgermanisch aus. Er kam zu Debussy, weil er zufällig einer Tänzerin diese Stück begleitete. Jetzt beherrscht er diese impressionistische Kunst, als ob er darin geboren wäre. Ravel ist nicht viel für Schreker. Sein strenger Sinn für durchgearbeitete Polyphonie geht darüber hinweg. Wir gelangen schnell in den Kreis seiner eignen Schule. Gieseking setzt sich ans Klavier und spielt vom Blatt eine Sonate von Haba und eine von Rosenstock. Es sind Stücke von so gedrängter Polyphonie und so gepreßter Harmonik, daß es fast unbegreiflich erscheint, wie ein Mensch das vom Blatt spielt. Gieseking macht es so, als ob er die Stücke tausendmal vorgetragen hätte. Es ist ein Wunder. Wir stehen alle starr und sehen uns fragend in die Augen. Wir haben das Gefühl, daß starke Kräfte in der Jugend tätig sind, hüben und drüben, in der Produktion und in der Reproduktion. Es geht etwas vor. Es ist Leben in der Kunst, täglich ein neues, es soll nicht verloren sein in diesen Zeiten.

Ausschnitt aus: Oskar Bie, Neue Deutsche Rundschau, „Neues von der Musik“, Anfang 1921

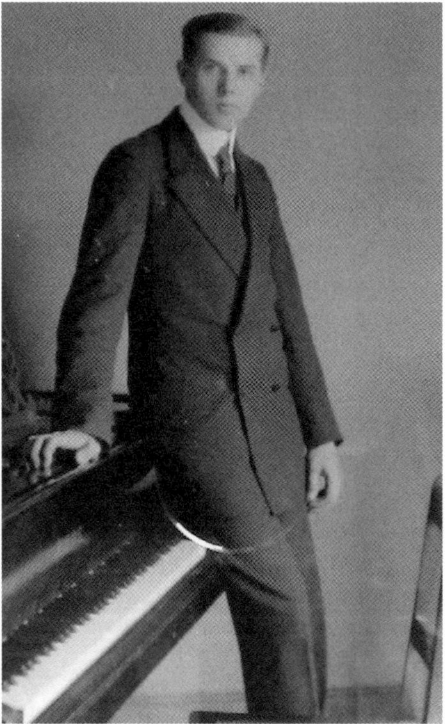

Der Student

Giesekings berufliche Sorglosigkeit informiert war, zeigt sie in einem Brief, in dem sie sich bei einer Freundin über „scheußliche" Arbeitsbedingungen und Instrumente in Manchester beklagt: „Ich möchte gern wissen, wie Backhaus das macht, denn er arbeitet, das weiß ich, im Gegensatz zu Gieseking, der spazierengeht.") Wer je die große Martha Argerich vor einer Aufführung etwa des Ravelschen G-Dur-Konzerts – das sie zuvor schon hundert Mal hinreißend gespielt hatte – händeringend hinter der Bühne hat herumlaufen sehen, bekommt eine Vorstellung von kaum bezwingbaren Auftrittsängsten und Selbstzweifeln – und der möglichen Schwerelosigkeit eines Pianisten-Daseins, in dem derlei Beeinträchtigungen nicht vorkommen.

Die Erzählungen von seiner sagenhaften Lernfähigkeit sind zahlreich und nicht immer gleichlautend – aber stets jenseits „normalen" Vorstellungsvermögens. Angeblich hat Hans Pfitzner selbst immer wieder die Uraufführungsgeschichte seines Es-Dur-Klavierkonzerts (1923) erzählt. Danach habe Gieseking das – natürlich partiell „unspielbare" – Stück zunächst *prima vista* aus dem Manuskript entziffert und von dem verblüfften Meister auf der Stelle die Premieren-Offerte erhalten. Gelernt habe er die Partitur dann später aus Zeitknappheit auf der Nachtfahrt von Zürich nach Dresden – wobei in diesem wie in allen anderen Fällen des Zugfahrt-Lernens rätselhaft bleibt, wie der stumme Weg vom Augen-Blick übers zerebrale Konservieren bis in die manuelle Mechanik funktioniert; wie es möglich sein kann, dass diese *mémoire volontaire* die komplexe Struktur eines konzertanten Dialogs mit unaufhörlich wechselnden Orchestergruppen und -solisten, eine vierzigminütige, sinfonisch-großbögige Entwicklung aus der Imagination sogleich in die klingende Materialisierung überführen kann. In seinen Erinnerungen hielt Gieseking aber nicht dieses rapide Aneignungsverfahren für erwähnenswert, sondern sein Erlernen der Kadenz am Tag der Uraufführung – wobei man diese Heldentat wiederum nur einigermaßen einschätzen kann, wenn man sich den Notentext dieses satz- und grifftechnischen Monstrums „in Fugenform" vor Augen führt.

Ungläubigkeit herrschte auch bei denen, die mitbekamen, wie Gieseking 1934 Frank Martins erstes Klavierkonzert in der üblichen Minimalzeit lernte und mit dem Orchestre de la Suisse Romande unter seinem Chef Ernest Ansermet uraufführte. Martin, der sich hier einer entschärften Variante von Schönbergs Dodekaphonie nähert, lobte Giesekings Spiel, äußerte aber nach der Aufführung indigniert, sein Solist habe „nichts von der Musik verstanden". Dies hat er wahrscheinlich weniger aus Giesekings Interpretation geschlossen als aus dessen Kommentar, es sei ihm „unangenehm, so viele falsche Noten spielen" zu müssen. Das war keine besonders qualifizierte, aber vielleicht ironische Kritik am spröden Werk, das alte Inhalte moderat dissonant einkleidet. Er konnte es sich leisten, nicht auf weitere Aufführungen zu drängen: er hatte ja doch nur wenig Zeit und Mühe investiert. Er spielte öfter Uraufführungen von Klavierkonzerten, deren musikhistorische Überlebensfähigkeit von vorneherein zweifelhaft war: jenes von Julius Kopsch etwa (1924), einem Berliner Komponisten-Dirigenten und Juristen mit Urheberrechts-Schwerpunkt; oder – was nur noch Kennern der Düsseldorfer Musikgeschichte geläufig ist – das Konzert von Fritz Brandt (1925), der hauptberuflich ebenfalls Jurist und später Senatspräsident war. (Beide wurden stramme Nationalsozialisten.)

Angesichts der besonderen Memorier- und Reproduktions-Umstände gehört eigentlich alles, was Gieseking spielte (oder nur durchspielte), auch zu seinem Repertoire: zum zweifellos umfangreichsten und vielfältigsten, das je einem Pianisten zur Verfügung stand. Im Programmheft eines Giesekings-Auftritts in der Hollywood Bowl wurde es mit Annäherungswerten sogar beziffert: er halte 300 Konzerte und 5000 Solostücke *in petto*, Zahlen, denen man dann doch kaum trauen will, selbst wenn man die etwa 400 Scarlatti-Sonaten – von etwa 555 –, die er abgespeichert hatte, einrechnet. Zur leichten Abrufbarkeit gesellte sich eine grenzenlose Belastbarkeit: häufig spielte Gieseking zwei oder drei Klavierkonzerte an einem Abend: jenes Kopsch-Konzert etwa umrahmte er mit Chopins e-Moll-Konzert und de Fallas *Nächte in spanischen Gärten.* In einem Zyklus der Tonhalle Zürich spielte Gieseking im Frühjahr 1936 an vier Abenden zwölf Klavierkonzerte – von Honegger bis Rachmaninow, Brahms bis Tschaikowsky. In einer Brüsseler Nachkriegs-Serie – *Concerts des Concerts* – führte er an *einem* Abend mit Sawallisch Mozart (KV 467), Beethoven (C-Dur) und das Schumann-Konzert auf.

Und zur Legendenbildung (wie zum Kopfschütteln) taugt auch das Londoner Studio-Abenteuer im Juni 1951: auf Geheiß des EMI-Produzenten Walter Legge nahm er mit dessen Philharmonia Orchestra unter Karajan in einer knappen Woche fünf Konzerte auf – Grieg, Mozart (KV 488), Franck, Beethoven (G-Dur und Es-Dur).

Der italienisch-jüdische Komponist Mario Castelnuovo-Tedesco, dessen Verhältnis zu Gieseking eine eigene Betrachtung wert ist, erzählte ebenfalls gerne Mirakulöses: Gieseking habe ein neueres Klavierstück von ihm, nachdem er es bei einem nachmittäglichen Besuch in Los Angeles einige Minuten interessiert betrachtet habe, in seinem abendlichen Recital als Zugabe gegeben.

Für Leser, die des Staunens nicht müde werden, ließe sich noch hinzufügen, dass Gieseking gerne Kammermusik machte, Partner von Geigern wie Kochanski, Szigeti, Huberman, Stefi Geyer, Kulenkampff, Strub und Taschner war und sich dabei quer durch das Duo-Repertoire arbeitete; dass er mit Eduard Erdmann (gelegentlich auch mit Alfred Hoehn) ein Klavierduo bildete und die vierhändig-zweiklavierige Literatur bis hin zu Max Regers gewaltigen Zyklen kannte; dass er Klaviertrios, -quartette und -quintette aufführte und dass er, der gerne Sänger begleitete, alle Hugo Wolf-Lieder auswendig kannte – wie Elisabeth Schwarzkopf beteuerte.

(Giesekings Lied-Affinität zeigt sich auch an seinen wohlgelungenen Klaviersolo-Bearbeitungen von fünf Richard Strauss-Liedern. Sie sind von Gerhard Oppitz vorbildlich eingespielt worden, der im Übrigen mit seinen eidetischen und manuellen Fähigkeiten nicht wesentlich hinter Gieseking zurückzubleiben scheint.)

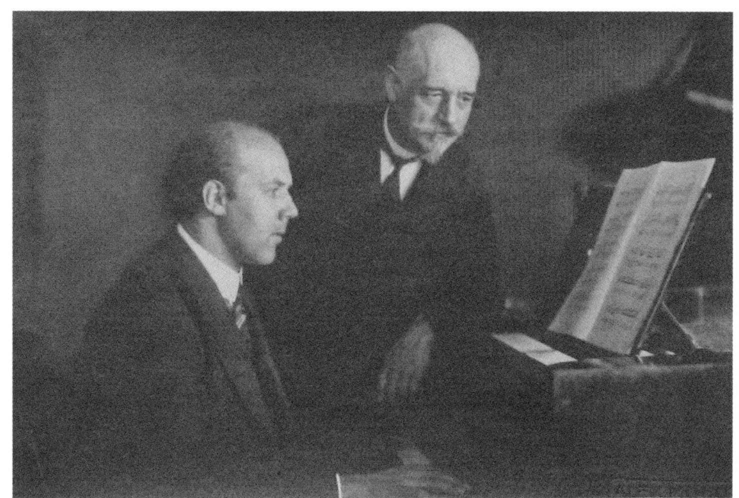

Mit seinem Lehrer Karl Leimer

Repertoire

Zuerst publik gemacht wurde Giesekings sensationelles Zusammenspiel von Hirn und Händen durch die dicht aufeinander folgenden Programme des 17- oder 18jährigen Schülers von Karl Leimer – Konzerte mit den schwersten Chopin-, Liszt- und Schumann-Stücken. (Allein der Blick auf die Schumann-Vortragsfolge ist angstschweißtreibend: der *Toccata*, nach der Pianisten bereits schachmatt zu sein pflegen, ließ er noch die *Symphonischen Etüden*, die C-Dur-Fantasie und den *Carnaval* folgen und spielte als Intermezzo noch mit seinem Lehrer die zweiklavierigen B-Dur-Variationen.) Dem 20jährigen flogen die Beethoven-Sonaten zu: er spielte sie alle – die beiden leichtesten ausgenommen – an sechs Abenden zwischen November 1915 und Februar 1916. („Das schwerste war das Auswendiglernen, und das war nicht so schwer" kommentierte Gieseking – und das klingt eher unbekümmert als großmäulig.) Entscheidend für seine Laufbahn war sein außergewöhnliches Interesse an den Zeitgenossen – eine nicht genau zu ermittelnde Anzahl ließ er von seiner Lern-Leichtigkeit profitieren: neben Pfitzner, Strauss, Busoni, de Falla, Debussy, Ravel, Poulenc, Hindemith, Szymanowski, Korngold, Villa-Lobos waren das auch Ernst Toch, Joseph Rosenstock, Arthur Honegger, Frank Martin, Manfred Gurlitt, Alfredo Casella, Joseph Marx, August Reuss, Albert Moeschinger, Goffredo Petrassi, Hermann Reutter, Max Trapp, Walter Piston, Walter Braunfels, Cyril Scott, Emerson Whithorne, Walter Niemann, Fidelio Finke, Julius Weismann, Erwin Schulhoff, Alexandre Tansman e. a. Sie gerieten in unterschiedlicher Häufigkeit in die eigensinnigen Konzert-Dramaturgien des jungen Pianisten, der „moderner Musik" soviel Platz in seinen Programmen einräumte und so enttäuscht über die mangelhafte Publikumsresonanz war.

Giesekings Einsatz und Kompetenz für die Franzosen Debussy und Ravel gehört zu den stets bestaunten Umständen der Interpretationsgeschichte und wird durch die Geburt in Lyon nicht ansatzweise erklärbar – sein erstes Debussy-Stück (*Reflets dans l'eau*) spielte er erst mit 19. (Das war im ersten Kriegsjahr, und Debussy, der noch vier Jahre zu leben hatte, hätte sich die Interpretation seiner Musik durch einen *boche* wohl verbeten. Seine Frau Emma aber fand später Giesekings Spiel superb und dem ihres Mannes besonders ähnlich.) Aber es ist gut denkbar, dass die stets präsenten Reminiszenzen an das Jugend-Dasein in mediterraner Natur – zwischen Côte d'Azur und Seealpen-Gipfeln – das Sensorium für eine Musik zu wecken half, die sich als mystische Vereinigung von Natur und Kunst und als klanggewordener Pantheismus verstand: „La nature a toujours raison."

Noch weniger erklärbar erscheint Giesekings Affinität zu Ravel, das innige Verständnis des Naturburschen für eine ausgepichte Klang-Alchemie, deren sensuelle Überfeinerungen und aberwitzige Virtuosität damals in keiner Klavierschule gelehrt wurden. Und kein Wort in seinem Aufsatz *Wie spielt man Ravels Klaviermusik?* (1947) lässt durchblicken, ob er sich mit den Hintergründen dieser Musik und ihren Unteraspekten – *Décadence*, Maskenspiel und Ironie, Mischung aus *temps perdu* und Zeitgenossenschaft, Melancholie und Destruktionstrieb unter perfekten Oberflächen – beschäftigt hat; sein Ehrgeiz war schlicht, „so wohlkomponierte Musik wohlklingend wiederzugeben." „Wenn der Franzose den goût für sich in Anspruch nimmt, so meint er damit zugleich, dass wir ihn nicht haben", schrieb Friedrich Sieburg in seinem Kultbuch *Wie Gott in Frankreich?*, das 1929 erschien – in der Zeit von Giesekings ersten Paris-Auftritten, die die Franzosen darüber staunen ließen, wieviel Verständnis für den *goût français* man in Deutschland dann doch entwickeln konnte. „Gieseking spielte Ravel und Debussy wie ein Gott. Ich sollte das nicht sagen, aber es gab keine Franzosen, die ihm darin gleichkamen", gestand die Pianistin Jeanne-Marie Darré, und eine andere *Grande dame du piano français*, Magda Tagliaferro, erinnerte sich: „Es gab eine Zeit, da wollten alle so spielen wie er".

Dass er Skrjabin und Szymanowski spielte, gehört ebenfalls zu den Ruhmesblättern dieses Pianistenlebens: die Vertiefung in deren flamboyanten Klavierstil – in die prometheischen Fantasien des russischen Heilsbringers und die mediterranen Mythen-Träume des schönheitstrunkenen Polen – ist weiterer Nachweis einer damals beispiellosen pianistischen Polyglottie und Aufgeschlossenheit. Eher kurios mutet heute Giesekings Vorliebe für Cyril Scott und Walter Niemann an, Exponenten eines englischen bzw. deutschen „Impressionismus", die exotisierende Aufgüsse der französischen Originale lieferten. Scott, der dem George-Kreis nahestand und wegen seiner Schönheit das Begehren des Meisters vom siebenten Ring geweckt hatte, war Komponist, Esoteriker und respektabler Literat und hatte großen Erfolg mit Schmonzetten wie *Lotusland,* die Gieseking gerne als Zugabe spielte. Scott widmete ihm seine zweite Klaviersonate (1935). Der noch vergessenere Niemann, in leicht verfänglicher Personalunion als Komponist, Pianist, Musikschriftsteller und -kritiker tätig, beschwor in seinen etwa 1000 Klavierstücken südostasiatische Klanglandschaften samt Kirschblütenfesten und Orchideengärten in einem Stil gehobener Unterhaltung.

Giesekings Sympathien fürs leichte Genre erstreckten sich auch auf die jazzigen Tanztypen, die in den Zwanzigern zur aufsässig-anrüchigen Mode wurden: er spielte die Uraufführung von Hindemiths rabiater *Suite 1922* („betrachte hier das Klavier als eine interessante Art Schlagzeug"), hatte Erwin Schulhoffs *Partita* und Alexandre Tansmans *Sonatine transatlantique* im Repertoire und fand so viel Gefallen an den Foxtrots, Ragtimes, Shimmys und Charlestons, dass er sich in seinen *Drei Tanzimprovisationen* mit bestem Gelingen selbst an diesem Idiom versuchte. Noch zwei Wochen vor seinem Tod nahm Gieseking einen kleinen Blues (aus den *Noveletten)* von Tansman auf; und wenn man in seiner Aufführungschronik immer wieder auf Arthur Honeggers jazziges *Concertino* für Klavier und Orchester stößt (dessen amerikanische Erstaufführung er spielte), wundert man sich, dass Gieseking Gershwin ausgelassen haben sollte. Aber, wie der Gershwin-Biograph Howard Pollack weiß, „he played the music privately for friends."

Ihm bei seinem gewaltigen Repertoire Versäumnisse vorzuhalten, ist natürlich unangebracht – aber man fragt sich doch, warum er sich Bartók, Prokofjew und Strawinskys *Petruschka* hat entgehen lassen. Gelegentlich ließ er die Grenzen seiner Toleranz erkennen: als der Amerikaner Aaron Copland, dessen Klaviertrio *Vitebsk* er 1929 in New York mit-uraufgeführt hatte und der sein Spiel bewunderte, ihn bat, auch seine *Piano Variations* uraufzuführen, lehnte er wegen deren „crude dissonances" und „severity of style" ab.

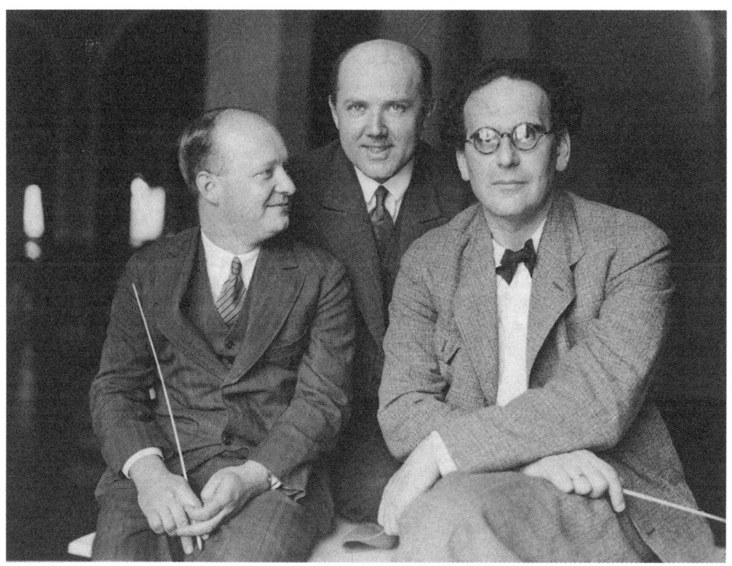

Mit Paul Hindemith und Otto Klemperer, Berlin 1931.
Fotografiert anlässlich der Aufführung von Hindemiths *Konzertmusik für Klavier, Blechbläser und zwei Harfen op. 49* in der „Krolloper". Klemperer: „Das war mit Gieseking... Er spielte großartig... Hatte einen Anschlag, der war von besonderem Reiz."

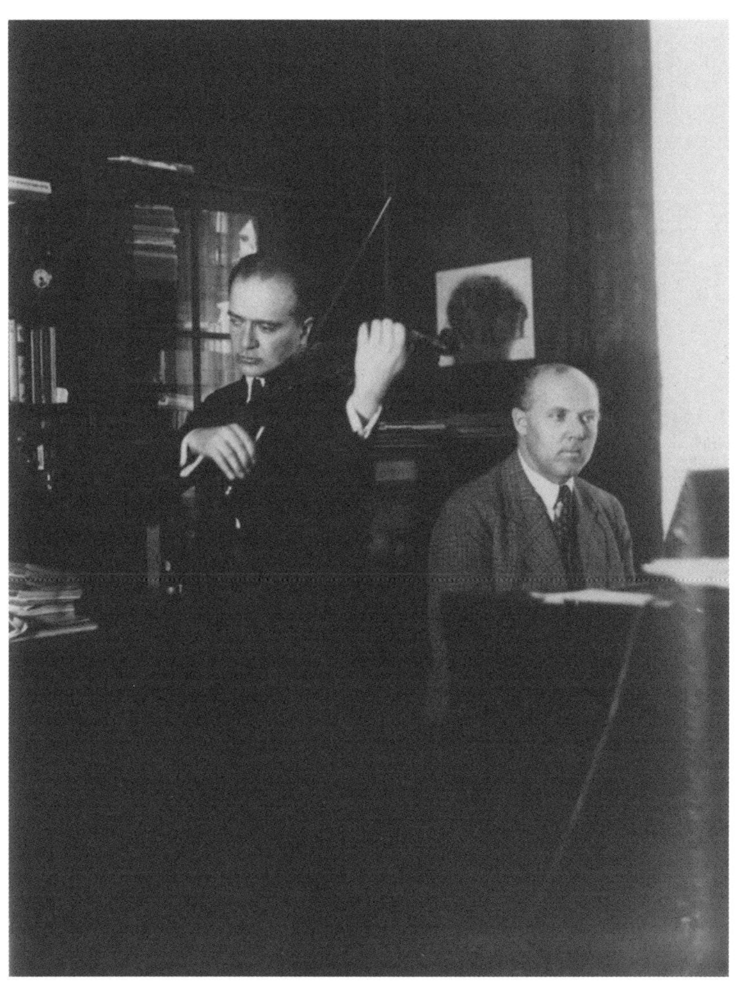

Mit Bronisław Huberman, 1932

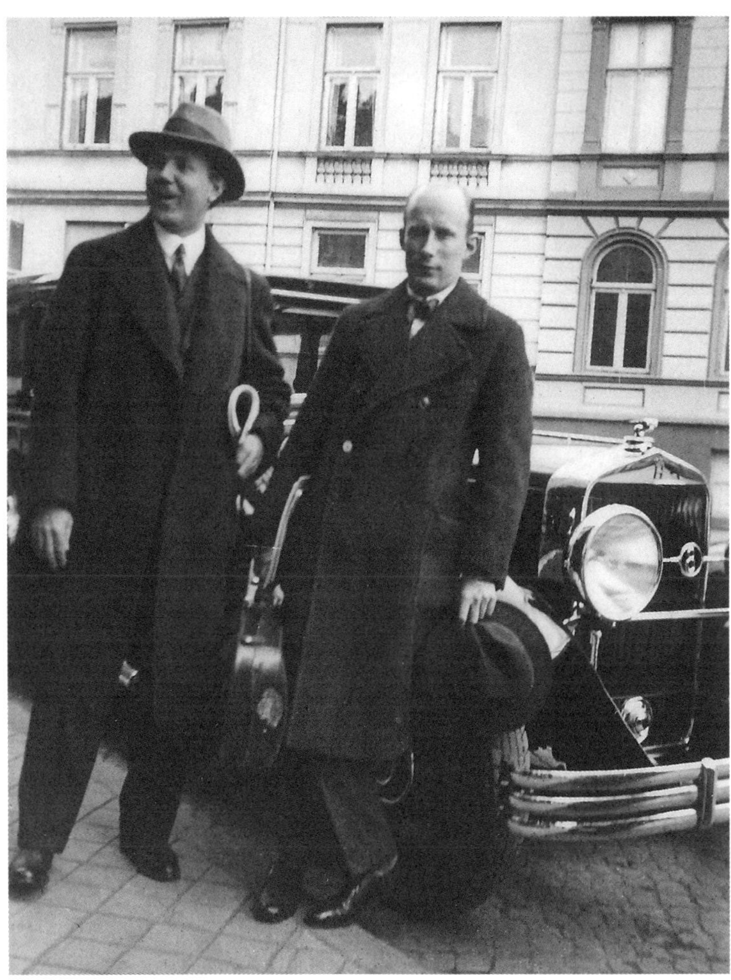

Mit Georg Kulenkampff vor einem Luxus-Automobil der Marke Horch, um 1930

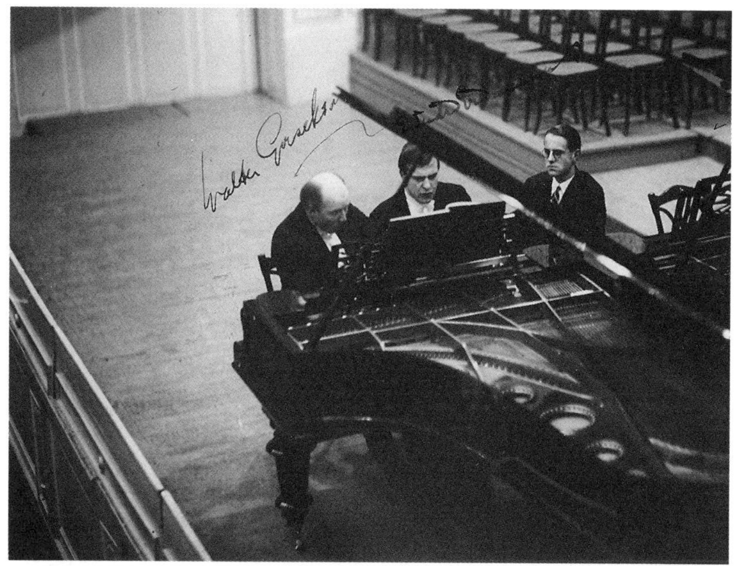

Vierhändig mit Eduard Erdmann, Ende 1920er Jahre

„Ich habe einmal Erdmann und Gieseking bei einem vierhändigen Klavierabend erlebt. Das war umwerfend komisch – beide waren nämlich wahre Riesen... mit großen Händen und langen Armen. Und sie fingen beide an zu schnauben und andere unglaubliche Geräusche von sich zu geben – vor allem bei Schubert, weil sie so begeistert und ergriffen waren.“ (Claudio Arrau)

„... Ich war gestern bei Gieseking Erdmann... Schubert Sonate war nicht besonders, Gieseking spielte so hart im Forte und es klang nicht durchgearbeitet, mehr, als wenn sehr begabte Menschen vom Blatt spielen. Busoni danach, ein blasses Stück, war schon weit besser, Debussy und Strawinski wirklich wunderschön, so witzig und geistreich und musikalisch grösstes Vergnügen; die Militärmärsche von Schubert waren auch sehr gut, da störte nur wieder das harte Forte von G. Es war ein sehr amüsantes Konzert, was mir viel Spaß machte, es sind doch zwei ganz verschiedene Persönlichkeiten, aber doch irgendwie gleichwertig und das machte die Sache so unterhaltsam...“
(Therese Behr-Schnabel an Artur Schnabel, 25.11.1927)

Karrierestart

Wieviel von seiner Offenheit und leicht entflammbarer Neugier für Abgelegenes Gieseking seinem Hannoveraner Lehrer Karl Leimer verdankte, wird nicht ganz klar; auch nicht, wer von wem mehr profitierte: der höchstbegabte Schüler von der Pedanterie des Pädagogen, oder der Lehrer von den himmelstürmenden Anlagen des Schülers, die auch ein weniger ambitionierter Unterricht kaum mehr hätte ruinieren können.

Jedenfalls wurde zur Maxime der 1931 publizierten Leimer-Giesekingschen Methode das Erlernen der Fähigkeit, die Gieseking wohl „von Natur aus" mitbrachte: das Memorieren von neuen Stücken, noch bevor eine Taste angerührt wird. Die Begabungen für solch rigides Gedächtnistraining sind natürlich unterschiedlich: während ein zeitgenössischer Avantgarde-Virtuose wie Nicolas Hodges sich ausdrücklich auf Gieseking beruft und neue Stücke erst auswendig lernt, bevor er sich ans Klavier begibt, berichtet der Schriftsteller (und Pianist) Hanns-Josef Ortheil in seinem – vielleicht an Giesekings Memoiren-Titel angelehnten – Lebensbericht *Wie ich Klavierspielen lernte* von einem Klavierlehrer, der nicht nur Gieseking physiognomisch ähnelt, sondern ihn auch nach der „Gieseking'schen Methode" (den „Leimer" unterdrückt Ortheil konsequent) unterrichten will, doch, leider, „sie taugt für mich nicht. Mein Gehirn arbeitet seit den Anfängen meines Klavierspielens ganz anders." (Zu Gieseking finden sich in Ortheils Buch hübsche Pointen: „Was aber, wenn ein Pianist nicht die Lauscher von Herrn Gieseking besitzt, der wahrscheinlich sogar die Klangfarbe und die Tonart von Schmetterlingsflügeln exakt bestimmen konnte?")

Karl Leimer, zu dem Gieseking 1911 – spät also, als schon 16jähriger – gekommen war, sorgte für regelmäßige Auftritte seines Meisterschülers, mit stets aufsehenerregenden Programmen und Resultaten. Kurz nach seinen sechs Abenden mit den Beethoven-Sonaten wurde Gieseking im August 1916 eingezogen, geriet wegen „unklarer Staatsangehörigkeit" auf einigen Umwegen in eine Regimentskapelle auf Borkum und absolvierte zwei Jahre musikalischen Garnisonslebens dank seiner heiteren Unvoreingenommenheit auch gegenüber Tanz- und Kinomusik ohne größere Schwierigkeiten – der Karrierestart verzögerte sich um eben diese Zeit. Dazwischen lagen eine Reihe von nützlichen Gelegenheitskonzerten, der Beginn mäzenatischen Wohlwollens des Hannoveraner Keksfabrikanten Bahlsen, die intensive Beschäftigung mit „moderner Musik", das wachsende Interesse der Agentur Bernstein und – 1920 – sieben Konzerte in Berlin, die von der Kritik als Sensation gefeiert wurden. Damit setzt sich das Karriere-Schwungrad in Bewegung: 1921 spielt er bereits an die 140 Konzerte und beginnt seine globale pianistische Umlaufbahn.

Eine glanzvollere und geradlinigere hat es kaum gegeben: sein Ruf verbreitet sich wie das berühmte Lauffeuer durch Europa, und ab 1926 wird er Dauergast in den USA. Sein bald weltweiter Ruhm und seine Etabliertheit lassen sich leicht mit einem aleatorischen *name-dropping* belegen, bei dem – Toscanini ausgenommen – keine Dirigenten-Berühmtheit (und kein wichtiges Orchester) als Partner fehlt: Wilhelm Furtwängler, Bruno Walter, Ernst von Dohnányi, Felix Weingartner, Erich Kleiber, Fritz Busch, Otto Klemperer, Fritz Reiner, Leopold Stokowski, Ernest Ansermet, Karl Böhm, Herbert von Karajan, Carl Schuricht, Willem Mengelberg, Adrian Boult, Eugen Jochum, Thomas Beecham, Sergej Kussewitzky, Eugen Ormandy, George Enescu, George Szell, John Barbirolli, Igor Markevitch, Sergiu Celibidache, Rafael Kubelik, Antal Dorati, Joseph Keilberth, André Cluytens, Hermann Scherchen…

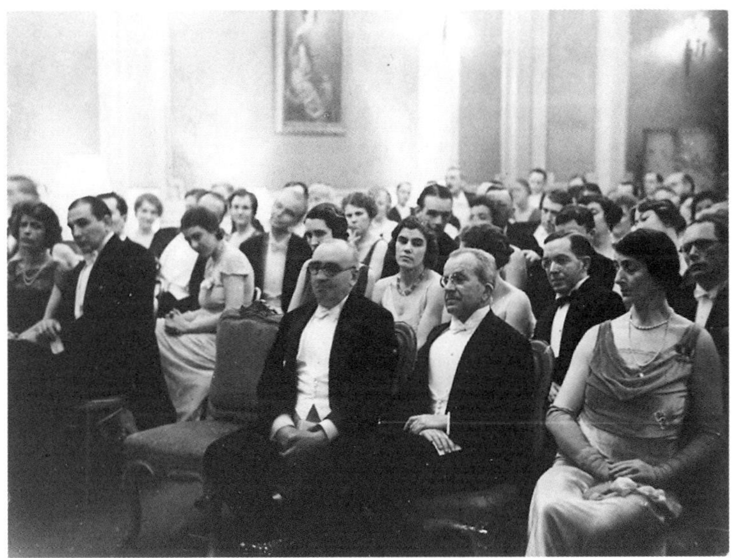

Konzert in der deutschen Botschaft in Washington D.C.,1932 (erste Reihe, dritter von rechts: Paul Claudel, französischer Schriftsteller und Diplomat im konsularischen Dienst)

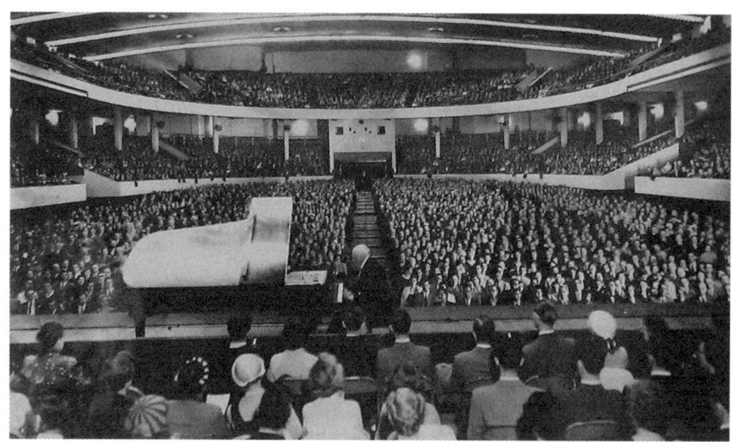

Im Atlanta Municipal Auditorium, 1955

USA

Giesekings USA-Eroberungsstrategie ist so bemerkenswert, weil er es sich und seinen Auditorien gerade zu Beginn nicht leicht machte. Er hätte die Amerikaner mit viel Liszt, Chopin und Beethoven um den Finger wickeln können, forderte sie aber mit subtilen und ungewöhnlichen, manchmal fast entsagungsvollen Programm-Dramaturgien. In New York feiert er eine Art Tripel-Debüt. Am 10. Januar 1926 spielt er in der Aeolian Hall ein Programm, vor dem die Kritiker schon wegen seiner Länge – um die zwei Stunden – ihre Vorbehalte hatten: Bachs B-Dur-Partita, drei Scarlatti-Sonaten, Schumanns *Kreisleriana*, zwei Sonatinen von Busoni (*...in Diem nativitatis Christi 1917* und *...Ad usum Infantis*) und den ersten Band der Debussy-Préludes. (Der feine Hintersinn bei der Platzierung von Busonis Kinder-Sonatine bestand vielleicht darin, dass sie einer amerikanischen Freundin von Busonis Sohn Benvenuto gewidmet ist.) Die Kritiker waren überrumpelt, betonten in den Rezensionen gerne den Gegensatz von Giesekings mächtiger Körperlichkeit („the enormous frame of the man, which crouched ape-like over the keyboard") zum überwältigenden Nuancenreichtum seines Klaviertons und inthronisierten ihn sogleich im Pianisten-Parnass („King Gieseking"). Am 17. Januar debütierte er mit der New York Philharmonic unter Eugene Goossens in der Carnegie Hall, und heute noch staunt man über Giesekings und seines amerikanischen Agenten Charles L. Wagner Wagemut, sich an diesem Ort kammerkonzertant (13 Musiker) mit Hindemiths motorisch-kühl-hyperaktivem, erst zwei Jahre altem Klavierkonzert op. 36/2 vorzustellen – freilich wurden die frisch geschlagenen Wunden sogleich mit de Fallas *Nächte in spanischen Gärten* schonend versorgt. Am 2. März kam er dann mit einem Recital in die Carnegie Hall, ließ zwei pianistischen

Sanctuarien (Beethoven op. 111, Schumann C-Dur-Fantasie) erneut einen spröden Hindemith (op. 37) und seine Vorzugs-Italiener Casella und Castelnuovo-Tedesco folgen und absolvierte anschließend eine ausgedehnte Konzertreise durchs Land – wie jedes mal bei seinem Dutzend Tourneen (zwischen 1926 und 1939) in die USA. (Sein *schedule* 1929 zum Beispiel „includes Boston, Manhattan, Birmingham, Cincinnati, Buffalo, Duluth, Chicago, Houston, Memphis, Tulsa, Dallas, Detroit, Cleveland, Indianapolis, Havana, Columbus, Daytona Beach, Tampa and Manhattan again").

Das historische Archiv der Carnegie Hall zeigt die sorgfältige Abgestimmtheit seiner aufeinanderfolgenden Recital-Programme: ab 1927 nimmt er regelmäßig Debussy und Skrjabin (Sonaten 3, 4, 7, *Vers la flamme*, Fantasie h-Moll), ab 1928 Ravel mit auf, fast jedes Mal ist Schumann dabei (*Symphonische Etüden*, *Carnaval*, *Kreisleriana*, *Fantasie*, *Kinderszenen*), später auch Chopin: Beethoven und Bach sind Konstanten. Sechzehn mal tritt er mit der New York Philharmonic auf, spielt mit Furtwängler Beethoven (G-Dur-Konzert), mit Klemperer Mozart (KV 467) und mit Fritz Busch das heute vergessene *Poem* op. 43 des Amerikaners Emerson Whithorne (eines Artur Schnabel-Schülers), das er zuvor in Chicago uraufgeführt hatte. Sechs Tage, bevor am 30. Januar 1933 im fernen Deutschland Hindenburg Hitler zum Reichskanzler ernennt, führt er mit den New Yorker Musikern und Bruno Walter das Schumann-Konzert auf, zwei Tage nach diesem Unheilsdatum – mit denselben Partnern – Honeggers *Concertino* und Strauss' *Burleske* im Doppelpack. Neben seinen offizielle Tournee-Terminen hatte er stets noch eine Reihe weiterer Auftritte, und in New York hat nicht nur die Carnegie Hall eine eigene Gieseking-Chronik, sondern auch die Town Hall, die Aeolian Hall und das Brooklyn Institute: an diesen drei Spielorten bestritt er auch an fünf Märztagen des Jahres 1934 *lecture-recitals* – Titel *Enjoyment of Music* –, die quer durch die gesamte europäische Klavierhistorie eilten und von Olin Downes, dem einflussreichsten Musikjournalisten des Landes, moderiert wurden.

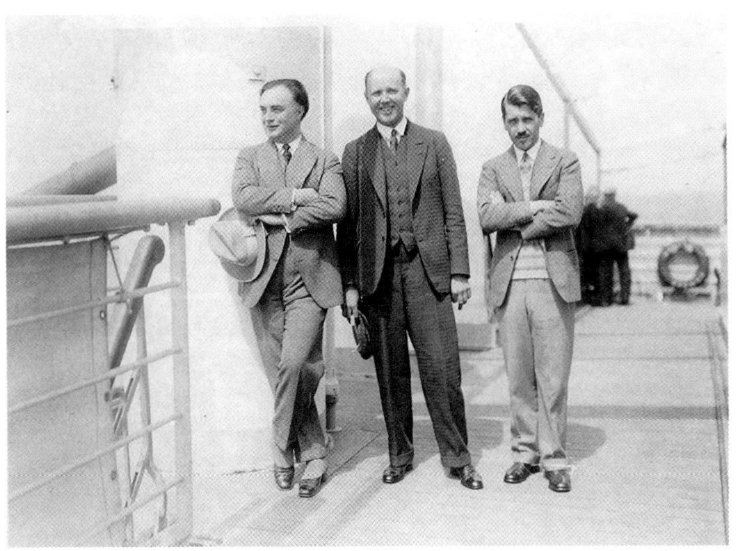

Mit dem Tenor Rudolf Laubenthal (links) und dem Pianisten Nikolai Orlow auf der Schiffspassage in die USA, 1931

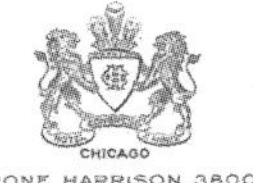

PHONE HARRISON 3800

CONGRESS HOTEL & ANNEX

MICHIGAN AVENUE AT CONGRESS STREET

OPERATED BY CONGRESS HOTEL COMPANY
H. L. KAUFMAN, PRES.

22-2-28. CHICAGO

L. A. betrüblicherweise bin ich elf Tage ohne Nachricht, da ich seit Newyork noch keinen Brief von Dir erhalten habe. Liegt das nun daran, dass so wenig Schiffe fahren in dieser Zeit oder ist bei Baldwin's das Nachsenden verbummelt? Hoffentlich kriege ich bald eine Nachricht, denn es ist nicht angenehm, mit der Post nur blöde Einladungen, Schmusbriefe, etc. zu bekommen, besonders wenn man in diesem Saunest sitzt. Eigentlich ist Chicago viel schlimmer wie Newyork, allerdings dies Hotel gut. (Zimmer kostet auch 8, eigentlich sogar 10 dollar) Von der Aussicht auf den See hat man allerdings nichts, der ist ja kaum zu erkennen, obwohl er direkt vor den Fenstern liegt, man sieht nur Dreck, Dunst, Nebel, Qualm und Autos – also fabelhaft schöne Gegend! Vor ein paar Tagen war es hier kalt, auch gestern noch ca. –10 Celsius, heute Tauwetter mit meilenweiten Pfützen. Na, bei solchem Wetter ist es ja nirgends schön, also will ich nicht weiterschimpfen, schon aus dem Grund nicht, weil meine Kritiken hier ausgezeichnet sind und ich gestern, trotzdem ich doch nur ein halbes Programm spielte, 6 Zugaben geben musste. Sophie Braslau sang nicht besonders gut, hatte gerade heftige Erkältung gehabt, ist aber eine ganz gute Sängerin mit einem Keller-Contra-Alt. Doch ich will

lieber nach der Reihe berichten: also in Pittsburgh habe ich die
Schmetterlingssammlung leider versäumt, weil ich nicht die Courage
hatte, den Dr. Holland aufzusuchen, von dem das Buch ist, das ich
habe. Dabei sah ich abends, dass er mit zum Vorstand der Art
Society, die mein Konzert arrangierte, gehört; also hätte er mir
sicher seine Sammlung gezeigt. Die Nacht im Zug schlief ich
vorzüglich, nächsten Mittag kam ich in Indianapolis an, Mr.
Fesler lud Pohlman u. mich zum Lunch ein (ich futterte eine
bemerkenswerte Artischocke), nachmittags sah ich einen ganz an-
-nehmbaren Film, 1/2 7 begab ich mich dann zu Fesler's zum
Essen, von 8^{20} bis 11^{10} spielte ich dann dort vor 19, meist
sehr würdigen Zuhörern. Es war aber wirklich, was man „stimmungs-
-voll" nennt, daher spielte ich auch mehr, als eigentlich beab-
-sichtigt, nämlich Bach, Ouverture; Kreisleriana; 7 Debussy Préludes;
Bach Partita; Schubert Sonate! Pohlman hatte das Klavier sehr gut
intoniert, worauf er ausserordentlich stolz ist! Um 12 war ich
im Hotel, pennte, nächsten vormittag versuchte ich zu photo-
graphieren (zum Andenken an die „schöne" Stadt Indianapolis), mittags um 12
ging der Zug (dies war Sonntag), um 5 Ankunft hier. Ich ging mit
Pohlman ins Kino „les Misérables" nach V. Hugo, französischer Film, teil-
weise hervorragende Darsteller, ferner Aufnahmen von dem schmetterlings-
berühmten Digne! (Dort ist es anders wie hier in Illinois, Oh Boy!)
Danach Übernachten für 8 Dollar hierselbst. Montag früh einiges mit
dem Baldwinvertreter besprochen, 12.30 Abfahrt nach Kalamazoo (hat
nichts mit Zoo zu tun), eins von den üblichen kleineren Nestern,
dazu war es ziemlich eisig, sehe soeben, dass bis zu −18 Celsius
waren (Pohlman kommt eben mit der Kalamazooer Zeitung, in der aber
noch keine Kritik zu finden ist.). Das Konzert verlief in üblicher Weise.

Die ersten beiden Seiten eines vierseitigen Briefes an seine Frau, Chicago, 22.2.1928.
Die von Gieseking begleitete Sängerin Sophie Braslau war prominentes Mitglied der Metropolitan Opera. Zu ihren Freunden und Bewunderern gehören George Gershwin und Sergei Rachmaninow (der, nach ihren frühen Tod 1935, zu den Sargträgern gehörte.)
Der mehrfach genannte Pohlman war deutschstämmiger Klaviertechniker der Firma Baldwin.

Für die Kritiker ist Gieseking „The finest living pianist", „The greatest pianistic sensation of recent years" und „The gentle giant among pianists". Nach seinen beiden letzten Vorkriegs-Auftritten in der Carnegie Hall – 1937 und 1939 – müssen sie die Superlative noch ein wenig aufstocken: er spielt mit Sir John Barbirolli die Rachmaninow-Konzerte 2 und 3. Beim d-Moll-Konzert waren Rachmaninow und Horowitz im Publikum. (Sir John: „It was a performance I will never forget".)

Olin Downes war im Auftrag seiner *New York Times* völlig „aus dem Häuschen": „It was not only the finest reading of the composition this writer remembers, even more significant than a performance of the work by its composer, but one of the greatest performances he has heard by any pianist with orchestra". Ähnlich der sonst mit seinen Interpreten so strenge Komponist: „Gieseking is now the premier exponent of my concertos" verkündete er – und das vielleicht mit Horowitz in Hörweite!

Rachmaninow nannte das Stück ein „Konzert für Elefanten" und hatte mit dem tierischen Vergleich wohl nur drei Pianisten im Sinn: eben Horowitz, Gieseking und sich selbst. In dieser Reihenfolge erfolgten 1930, 1939 und 1940 auch die ersten Tonträger-Aufnahmen des d-Moll-Konzerts.

The Philharmonic-Symphony Society of New York

1842-1878
CONSOLIDATED 1928

1938 - NINETY-SEVENTH SEASON - 1939

CARNEGIE HALL

Thursday Evening, February 9, 1939
AT EIGHT FORTY-FIVE

Friday Afternoon, February 10, 1939
AT TWO-THIRTY

3478TH AND 3479TH CONCERTS

Under the Direction of

JOHN BARBIROLLI

Assisting Artist:
WALTER GIESEKING, *Pianist*

PROGRAM

1. BERLIOZ..............................Overture, "The Roman Carnival," Op. 9

2. RACHMANINOFF...............Concerto for Piano and Orchestra No. 3, in D minor, Op. 30

    I. Allegro ma non tanto
    II. Intermezzo (Adagio)
    III. Finale

WALTER GIESEKING

INTERMISSION

3. TCHAIKOVSKY........................Symphony No. 5, in E minor, Op. 64

    I. Andante—Allegro con anima
    II. Andante cantabile, con alcuna licenza
    III. Valse: Allegro moderato
    IV. Finale: Andante maestoso—Allegro vivace

ARTHUR JUDSON, Manager BRUNO ZIRATO, Assistant Manager
THE STEINWAY is the Official Piano of The Philharmonic-Symphony Society
MR. GIESEKING uses the BALDWIN PIANO
VICTOR RECORDS

ORCHESTRA PENSION FUND—*It is requested that subscribers who are unable to use their tickets, kindly return them to the Philharmonic-Symphony Offices, 113 West 57th Street, or to the Box Office, Carnegie Hall, to be sold for the benefit of the Orchestra Pension Fund. All tickets received will be acknowledged.*

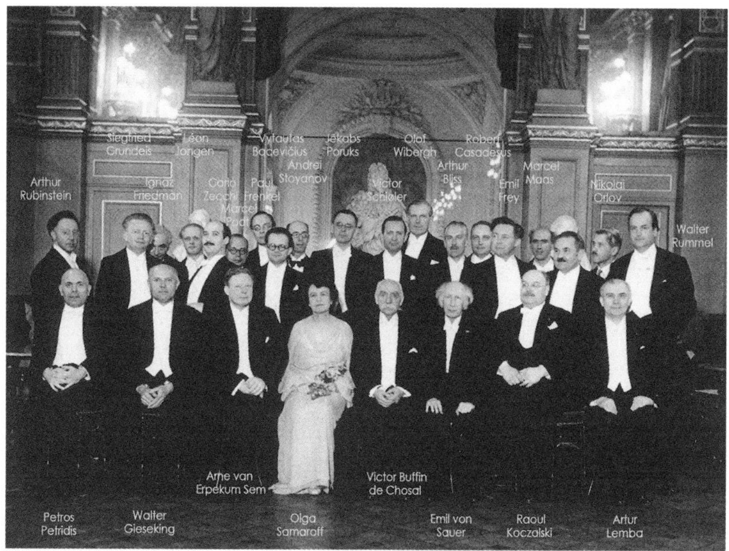

Jury des Brüsseler Concours Eugène Ysaÿe 1938:
V.l.n.r. stehend: Arthur Rubinstein, Sigfrid Grundeis, Ignaz Friedman, Léon Jongen, Carlo Zecchi, Marcel Podt, Paul Frenkel, Vytautas Bacevicius, Andrei Stoyanov, Jekabs Poruks, Victor Schiøler, Olof Wibergh, Arthur Bliss, Robert Casadesus, Émile Frey, Marcel Maas, Nikolai Orlow, Walter Rummel; sitzend: Petros Petridis, Walter Gieseking, Arne van Erpekum Sem, Olga Samaroff, Victor Buffin de Chosal, Emil von Sauer, Raoul Koczalski, Artur Lemba

The Gieseking Case

Auf Giesekings Biographie und Karriere liegt der NS-Schatten, und wie in all den zahllosen Fällen von tatsächlicher oder vermuteter, kompletter oder partieller, erzwungener oder bereitwilliger Künstler-Konkordanz mit dem verruchten System hat man sich die Zeugnisse sorgfältig anzusehen – und mit möglichst wenig jener selbstgerechten Empörung, die Spätgeborene, die sich ein Leben im totalen Staat schwer vorstellen können, gerne in das Thema einbringen. „Die Schwarz-Weiß-Malerei ist ein nachholendes Genre", schreibt Wolf Lepenies im Vorwort zu Misha Asters Buch über die Berliner Philharmoniker und den Nationalsozialismus (*Das Reichsorchester*): „Im Rückblick erscheinen uns moralische Alternativen als glasklar, die sich im Augenblick der Entscheidung für ein bestimmtes Verhalten als eher grau, als trübe und unbestimmt darstellen."

(Der Historiker und FAZ-Herausgeber Joachim C. Fest hat den ebenfalls umstrittenen Friedrich Sieburg gegen „das moralische Athletentum, das viele Angehörige der jüngeren Generation so dreist hervorkehrten", entschieden in Schutz genommen: „Seine Wortführer, deren konjunkturelle Anfälligkeit sich doch gerade auch in diesen Vorwürfen kundtat, konnten kaum je überzeugend dartun, dass sie ausgerechnet der vehementesten Konjunktur, die je über das Land hereingebrochen war, nämlich der des Jahres 1933, mit jener Integrität widerstanden hätten, die sie unterderhand für sich reklamierten.")

Es fehlten die Maßstäbe und die Vorstellungskraft von der Brutalität, mit der die Nationalsozialisten jede Kunst-Autonomie – samt allen Kulturbolschewisten – aus dem Weg zu schaffen gedachten, um „die Künste von den Erscheinungen einer verfaulenden Welt zu säubern und in den Dienst einer sittlichen Staats- und Kulturidee zu stellen.“ (Hitler, *Mein Kampf*) Und die Musiker waren besonders ahnungs- und rückgratlos: „Zwei Drittel der deutschen Musikerpopulation, viele schon vor 1933, hielten es für opportun, eilig der NSDAP beizutreten“, hat Fred K. Prieberg ermittelt. „Diese Quote lag dreimal höher als beim Durchschnitt der erwachsenen Bevölkerung sonst.“

Die Kulturpolitik nach der „Machtergreifung“ war allerdings wegen unklarer Ämter-Kompetenzen jahrelang uneinheitlich. Viele Künstler registrierten zwar die Eingriffe ins Kulturleben und waren sogar, wie der Gieseking-Freund Hindemith, davon existentiell betroffen, glaubten aber häufig, dass sich die Verhältnisse bald wieder bessern würden und warteten ab.

Für Gieseking galt, was auch von und für Backhaus und Kempff in Anspruch genommen wurde: er war „unpolitisch“ und schon lange vor 1933 erfolgreicher musikalischer Kosmopolit mit Standort Deutschland, dem es vor allem um seine Kunst ging. Aufkeimende Gedanken an Emigration wurden mit Blick auf die Familie – Ehefrau, zwei kleine Töchter, drei Elternteile – und die „Reichsfluchtsteuer“ beiseitegeschoben, die Vorteile, die der Staat für seine Künstlerelite bereithielt, ebenso akzeptiert wie die sukzessive Repertoire-Zensur. Gieseking geriet erwartungsgemäß auf die berühmte „Gottbegnadeten“-Liste, die 1944, in der Endphase des Krieges, erstellt wurde und 1041 Schauspieler, Schriftsteller, Architekten, bildende Künstler und Musiker davor bewahrte, Dienst an der Waffe zu leisten. Man konnte sich nicht darum bewerben (und wahrscheinlich auch nicht dagegen wehren), genau so wenig wie im Fall des millionenfach verteilten Kriegsverdienstkreuzes („2. Klasse ohne Schwerter“), das auch Gieseking „im Namen des Führers“ zugestellt wurde. („Gottbegnadeter“ konnte man wohl auch durch Protektion werden: Max Martin Stein, nach dem Krieg Inhaber einer Klavier-Meisterklasse am Düsseldorfer Robert Schumann-Konservatorium, geriet auf die Liste zweifellos nicht, weil er so überragend Klavier spielte oder Patenkind Max Regers war, sondern weil sein Vater Fritz Stein – linientreuer Direktor der Berliner Musikhochschule – seine Beziehungen hatte spielen lassen.)

Giesekings Haltung zum Regime ist nicht restlos zu klären und nur mithilfe widersprüchlicher Zeugenschaften teil-rekonstruierbar. Er hatte wohl – trotz gegenteiliger Ansicht des leider unzuverlässigen „Distinguished Research Professor of History" Michael Kater – keinen Ehrgeiz, wie Backhaus „Lieblingspianist des Führers" zu werden, und er hat auch nicht, wie Kempff, dem Duce eine Oper gewidmet. Er war nicht – wie Karajan, Böhm und die Schwarzkopf – Parteimitglied, ließ nicht – wie Backhaus, Pfitzner, der Bariton Schlusnus, der Pianist Raucheisen und die Berliner Philharmoniker – dem Führer kriecherische Ergebenheitsadressen zukommen. Aber er wurde – gemäß seinem „uk"(unabkömmlich)-Status – zu Auftritten in besetzten Ländern herangezogen, modifizierte sein Repertoire nach den Maßgaben der Reichskulturkammer, übernahm Repräsentationsauftritte: etwa aus Anlass der Olympiade 1936 in Berlin und bei den Düsseldorfer Reichsmusiktagen 1938, die die niederträchtige Ausstellung „Entartete Musik" im Gefolge hatten. Es kann ihm nicht entgangen sein, dass dort nicht wenige Komponisten, deren Werke er schätzte und spielte, verunglimpft wurden, darunter Toch, Schönberg, Schulhoff, Rosenstock, Rathaus, Castelnuovo-Tedesco, natürlich Mendelssohn und ausgerechnet sein geliebter Ravel, der nicht nur zum Volk des „Erbfeinds" gehörte, sondern von den Rassewächtern auch zum Juden deklariert worden war.

Dass er sie alle nach den entsprechenden Direktiven aus dem Goebbels-Ministerium nicht mehr aufführte, fällt allerdings nur deshalb so auf, weil die berühmten deutschen Kollegen ihr Kernrepertoire – Bach, Mozart, Beethoven, Schubert, Schumann, Brahms – nicht ändern oder beschneiden mussten. Es ist klar, dass Giesekings großzügiger Internationalismus und erhebliche Teile seines Repertoires von den völkischen Kulturhütern beargwöhnt wurden; er war zwar Vorzeige-Musiker, aber keineswegs perfekter Repräsentant von deutscher Innerlichkeit und Seelentiefe. Und er ließ sich nicht gänzlich gleichschalten: dass er sich an das Aufführungsverbot von Debussy–Ravel nicht streng hielt, belegen Pariser und Brüsseler Konzerte und seine ersten (und letzten) Auftritte in der Türkei 1944, wo die Franzosen auf dem Programm standen.

Im Übrigen ahnte bald jeder Volksgenosse, welch geringer Grad an Unbotmäßigkeit schon ausreichte, um ihn vor einen der entfesselten deutschen Blutrichter zu bringen. Angst ging um, und die Blockwarte, Denunzianten und hinter ihnen die Gestapo lauerten überall: Ein unterlassener Hitlergruß oder eine nicht aus dem Fenster gehängte Huldigungsflagge zum Führergeburtstag konnten fatale Folgen haben. Nicht nur Musiker hatten das grausame Beispiel des hochbegabten, bereits als Nachfolger von Gieseking und Backhaus gefeierten Düsseldorfer Pianisten Karlrobert Kreiten vor Augen, der, weil er unvorsichtigerweise einer Jugendfreundin der Mutter anvertraut hatte, er halte den Krieg für nicht mehr gewinnbar und Hitler für wahnsinnig, am 7. September 1943, 27jährig, in der Strafanstalt Berlin-Plötzensee an einem Fleischerhaken gehenkt wurde – „wegen Feindbegünstigung und Wehrkraftzersetzung." (Seiner Mutter Emmy Kreiten konnte man bis in die frühen achtziger Jahre bei Konzerten in Düsseldorf begegnen, wobei sich im Gespräch dem unverminderten Schmerz über den Verlust des Sohnes stets die Fassungslosigkeit darüber beigesellte, dass der Unrechtsstaat den Eltern diesen Mord mit 639 Reichsmark 20 Pfennigen in Rechnung stellte.) In den Erinnerungen (*Mit dem anderen Auge*) des Altphilologen Peter Wapnewski spielt der Fall Kreiten eine so wichtige Rolle, weil er sich lebenslang schaudernd daran erinnerte, dass er, im selben Jahr ebenfalls wegen „Wehrkraftzersetzung" angeklagt, nur deshalb nicht auch am Galgen endete, weil die Prozessakten durch eine Fliegerbombe vernichtet wurden. Es waren Zufälle, die einen in die Mordmaschinerie geraten ließen oder davor bewahrten. Selbst eine Berühmtheit wie Furtwängler, der sich – wie zuvor für Hindemith – für eine Begnadigung Kreitens eingesetzt hatte, riskierte durch solche Einsprüche mehr als nur Privilegien. (Die Wagner-Tochter Friedelind war Ohrenzeugin eines Disputs zwischen Hitler und Furtwängler, in dem der „Herr Reichskanzler“ seinem Lieblingsdirigenten für den Fall von Insubordination mit dem KZ drohte und Furtwängler die heldenhafte Replik wagte: „Da werde ich in guter Gesellschaft sein.“) Kreiten war übrigens Schüler von Claudio Arrau, der große Stücke auf ihn hielt. Ein weiterer denunzierter und ermordeter Arrau-Schüler war der ungarische Jude Pál Kiss, der, in Berlin bereits wegen „Rassenschande“ inhaftiert, nach Auschwitz deportiert und schon vor dem Todesmarsch erschossen wurde. In einem seiner letzten Konzerte war er mit Bachs vierklavierigem a-Moll-Konzert aufgetreten. Seine Mit-Solisten: Conrad Hansen, Ferry Gebhardt und Herbert von Karajan.

Von einem angesehenen Pianisten als Widerständler weiß die Zeit- und Musikhistorie nur in einem Fall: Helmut Roloff, später Direktor der Berliner Hochschule für Musik, war Mitglied der Widerstandsgruppe „Rote Kapelle“, wurde inhaftiert und gefoltert, dann aber überraschend freigelassen. Auch Eduard Erdmann, Giesekings Vierhand-Partner, hat zumindest versucht, sich zu verweigern: 1935 kündigte er wegen Repressalien gegen jüdische Kollegen seine Professur an der Kölner Musikhochschule. Als daraufhin seine Kompositionen mit Aufführungsverbot belegt wurden, trat er zwar (1937) in die NSDAP ein, hielt aber deutlich mehr Distanz zum Regime als sein späterer Schwiegersohn Emil Nolde.

Zum Nazi-Sein fehlten Gieseking offenkundig einige wichtige Komponenten: darunter der Glaube an die fraglose Suprematie deutscher Kunst und der Antisemitismus. Der Umgang mit seinem Hannoveraner Konzertagenten (und Trauzeugen) Arthur Bernstein spricht – so, wie er es in seinen Erinnerungen darstellt – stark für Gieseking: auch nach dem Berufsverbot für Bernstein bezahlte er ihm die Provisionen bis zur Emigration 1939 weiter. (Bernsteins Sohn Hans übrigens wurde ein für die Musik Gustav Mahlers und die des 20. Jahrhunderts wichtiger Dirigent und nannte sich in den USA Harold Byrns, weil er der – von Leonard Bernstein glanzvoll widerlegten – Ansicht war, sein dezidiert jüdischer Name stünde einer amerikanischen Karriere im Wege! Byrns kehrte nach Deutschland zurück und ist auf dem jüdischen Friedhof Hannover-Bothfeld begraben.) Giesekings Repertoire war durchsetzt mit Werken jüdischer Komponisten, darunter jazznahe von Schulhoff und Tansman oder solche mit hebräisch-folkloristischem Einschlag – Aaron Coplands Klaviertrio *Vitebsk* etwa oder Castelnuovos *König David-Tänze.* Das anrührendste und überzeugendste Nachkriegszeugnis stellte ihm Marian Filar aus, polnisch-jüdischer Pianist, der noch eine bedeutende Karriere machte, nachdem er sieben Konzentrationslager und den Todesmarsch überlebt hatte. Sein Erinnerungsbuch *From Buchenwald to Carnegie Hall* ist nicht nur Zeugnis eines unglaublichen Überlebenswillens, sondern auch ebensolcher Versöhnungsbereitschaft: die ging soweit, dass er einem SS-Mann Haller, der ihm in einem der Lager eine händeschonende Arbeit zuteilte, freundlich dankte. Für Gieseking, bei dem Filar von 1945 bis 1950 unentgeltlich studierte, fand er über viele Buchseiten ausschließlich Worte der Bewunderung und Verehrung und wies ausdrücklich darauf hin, dass sein Lehrer nie Rehabilitations-Kapital aus dieser Schülerschaft zu schlagen versuchte. Nicht nur steuert Filar dem Fundus an Erzählungen über Giesekings Gedächtnis und Blattspiel weitere Wunderdinge bei, sondern ist geradezu ergriffen von seiner Generosität und auch pädagogischen Effizienz. („I learned my singing tone from Mr. Gieseking. I didn't have it before. How could I have had it? I had never heard anything like it!"). Aparterweise traf Filar im Jahre 1948 in Paris auf den mächtigsten aller Impresarios, den Amerikaner Sol Hurok, der, als er ihm verriet, wer sein Lehrer war, aus der Haut fuhr und sogleich den Nazi-Vorwurf gegen Gieseking parat hatte. Filar verteidigte seinen Mentor vehement und überwarf sich – zum Nachteil seiner Karriere – mit dem Agenten. Im selben Gespräch sagte Hurok den New Yorker Eklat um Gieseking voraus – der wiederum schätzte Hurok schon vor der gescheiterten USA-Tournee als seinen „größten Feind" ein. Hurok war auch Agent von Arthur Rubinstein, der mit seinem Gieseking-Erlebnis beim Brüsseler *Concours Eugène Ysaÿe* 1938 (Emil Gilels gewann, Arturo Benedetti Michelangeli wurde siebter!) und dessen Schilderung im Memoirenband *My many years* (Mein glückliches Leben) das Bild vom Nazi Gieseking verfestigte: er schickt dieser vielzitierten Episode die unklare Anmerkung voraus, Hitler habe zum Wettbewerb „einen Musiker als Beobachter entsandt, der Parteimitglied war". (Rubinstein könnte die Pianisten Sigfrid Grundeis oder Walter Morse Rummel gemeint haben – beide waren aber gewiss keine Hitler-Gesandten, sondern Jurymitglieder). Er, Rubinstein, habe nach einer Arbeitssitzung einige Mit-Juroren zu einer Zwischenmahlzeit eingeladen. Als er bemerkte, dass Gieseking, der ebenfalls der Jury angehörte, alleine dastand, habe er ihn mit dazu gebeten und angefügt: „But don't let the german Nazi come with us". Darauf Gieseking: „What do you mean by that? I am a convinced Nazi. Hitler is saving our country."

Rubinsteins Erinnerungen sind meist amüsant, aber häufig – um es vorsichtig auszudrücken – ungenau. Und um einer Pointe willen riskierte er schon mal eine Freundschaft (mit Heifetz) oder exkulpierte den Falschen (Backhaus).

Seine folgenreiche Anschuldigung hatte er schon Jahrzehnte vor den Memoirenbänden, kurz nach dem New Yorker Eklat, im Magazin *Life* öffentlich gemacht: „Gieseking boasted to me of being a Nazi." Gieseking dementierte das gegenüber seiner amerikanischen Agentur: „Rubinstein's memory seems to have suffered. I recall meeting him in 1938 in Brussels, when we were both among the members of the jury for the ‚Concours Ysaÿe.' I know distinctly that I've never said I was a Nazi! Why should I have lied so and just to Rubinstein? It would have been awfully rude and impolite to say such a thing to a jew, whom I always considered to be a great pianist…"

Die Gieseking-Stellungnahmen der Hurok-Künstler ähnelten einander. Auch Horowitz und Piatigorsky protestierten gegen seine USA-Auftritte, und Nathan Milstein nennt ihn einen „glänzenden

Pianisten“ aber auch einen „in der Wolle gefärbten Nazi“, der mit seiner Parteimitgliedschaft geprahlt habe und sich schon vor dem Krieg bei einer Einreise in die USA vor einem Beamten auf Ellis Island stolz als Nazi bezeichnet habe. Aus welch zweiter Hand mag Milstein diese Informationen erhalten haben? Warum sollte Gieseking sich einer nichtexistenten Mitgliedschaft gerühmt haben, und wie könnte es überhaupt zu einer Befragung auf dem Immigranten-Eiland gekommen sein?

Giesekings Zwangslage in Hitler-Deutschland ist ebenso offensichtlich, wie sie damals tausende Künstler betraf: wer nicht emigrierte oder die Möglichkeiten einer „inneren Emigration“ hatte, musste sich, wollte er überleben, mit dem System arrangieren und es sich nach dem verlorenen Krieg gefallen lassen, dass seine Arrangements und Verstrickungen von Alliierten-Kommissionen untersucht und geahndet wurden. Je berühmter ein Künstler war und je mehr es ihn wieder in die Welt hinauszog, desto genauer wurde hingeschaut und desto kontroverser wurde diskutiert: die Fälle Furtwängler und Gieseking schlugen im Musikbereich die höchsten Wellen und lassen sich immer noch nicht *ad acta* legen. Dass beide nicht in der Partei waren, erwies sich als zu schwacher Bonus, und bis heute funktioniert die NS-Assoziation wie ein Pawlowscher Reflex. Andererseits schien und scheint der Pakt mit den Machthabern vielen Beurteilern unwichtig, marginal, entschuldbar, durch gute Taten abgegolten, schuldhaftes Verhalten wird gar in Abrede gestellt. Den Klavierpäpsten Joachim Kaiser und Harold Schonberg und namhaften Pianisten-Anthologien ist er im Falle Gieseking keiner Erwähnung wert, der amerikanische Gieseking-Schüler und -Apologet Dean Elder wehrt jeden Vorwurf rigoros ab: „The post-World-War II libel and slander, instigated by a few jealous or misinformed colleagues, commentators, writers, and professional left-wing groups, were viciously false.“ (Die Verleumdungen nach dem Zweiten Weltkrieg, die von einigen eifersüchtigen oder falsch informierten Kollegen,

Kommentatoren, Schriftstellern und professionellen linken Gruppen angestiftet wurden, waren bösartig falsch.)

Tatsächlich sind bittere Gieseking-Verdikte in große Literatur geraten und damit konserviert. Alfred Polgar, der unvergleichliche „Marquis Prosa" der geschliffenen Miniatur, selbst Emigrant und entsetzter Zeitzeuge, zeigte sich unerbittlich. In seinem Text *Von Kunst, Politik, Hass und Liebe* werden Furtwängler und Gieseking mit unversöhnlichen – und ungerechten – Worten zur Rechenschaft gezogen. Polgar, der – Sohn eines Klavierlehrers – über den Rang des Pianisten Bescheid weiß, hat die New Yorker Proteste aufmerksam zur Kenntnis genommen: „Vor Monaten gab es hier in New York Streit um Gieseking. Jene, die von dem bedeutenden Pianisten, weil er ein Nazi war und es vermutlich noch ist, nichts hören wollten, auch keine Musik, wurden von anderen belehrt: Kunst hat nichts mit Politik zu tun. Ein gesunder, vernünftiger Grundsatz; nur hier fehl am Ort. Denn Hakenkreuzler-Sein war viel weniger ein politisches als ein moralisches Bekenntnis. Es hieß, ein System bejahen, das seine Anhänger zur Bestialität verpflichtete... Will sagen: wenn Bejaher solchen Systems hier unfreundlich empfangen wurden, so nicht wegen ihrer politischen Gesinnung. Also hätten the Gieseking's men besser sagen sollen: Kunst hat nichts mit Moral zu tun. Auch ein richtiger Grundsatz. Doch seine Anwendbarkeit hat, besonders in praxi, Grenzen..." (In Polgars Text *Der Emigrant und die Heimat* werden die Empfindungen der Zwangs-Exilierten gegenüber „Naziland" besonders eindringlich dargestellt.)

Auch in Alejo Carpentiers Schlüssel- und Jahrhundertroman *Le Sacre du printemps* zählt Gieseking zu einer prominenten, strengen und überraschenden Negativ-Auswahl von nazistischen Deutschen und französischen Kollaborateuren (und dezidierten Katholiken), um derentwillen der kubanische Ich-Erzähler Enrique (eine Art Selbstporträt Carpentiers) erwägt, Europa zu verlassen: „Ich konnte nicht viel erhoffen von einem Kontinent, wo Richard Strauss, Furtwängler, Gieseking, Clemens Krauss, Paul Claudel, Louis-Ferdinand Céline…, Drieu La Rochelle, Henri de Montherlant… und viele aus der neothomistischen Mannschaft um Maritain sich einer Richtung angeschlossen hatten…, die ihren stärksten philosophischen Rückhalt fand in dem Satz des berühmten Martin Heidegger: ‚Der Führer selbst und allein ist die heutige und künftige Wirklichkeit und ihr Gesetz.'"…

Erika, Thomas Manns „kühnes, herrliches Kind", war stets gnadenlos und selbstgerecht bei ihrer Beurteilung nichtemigrierter deutscher Künstler und hatte bei einem zänkischen Radiodisput mit dem prominenten Kritiker und Rundfunkmoderator Deems Taylor (der ihr „intellektuellen Faschismus" vorgeworfen hatte) ebenfalls Gieseking auf der Nazi-Liste und im Visier: „I'd feel a lot better, if radio-stations would decide to play records by Wladimir Horowitz or Artur Rubinstein instead of by the Nazi Walter Gieseking; by Myra Hess or Rudolf Serkin instead of by the Nazi Edwin Fischer; by George Gershwin instead of by the Nazi Franz Lehar, and so forth and so on."

Vater und Tochter Mann begrüßten die Carnegie Hall-Proteste.

Dass Carpentier Gieseking und den verabscheuungswürdigen Céline in einem Atemzug nennt, löst im Leser dann doch einen gewissen Entschuldungs- und „Whataboutism"-Reflex aus – warum wurde mit Backhaus und Kempff, die doch deutlich verstrickter ins System waren und mehr Nähe zu den NS-Granden hatten, nach dem Krieg so viel schonender umgegangen? Doch berühren die Fragen nach individueller Schuld, Scham, Verdrängung und Reue Hauptthemen aus Philosophie, Religion und Jurisdiktion – wer will und kann schon Schuld und Irrungen von Knappertsbusch, Pfitzner und Elly Ney, von Gottfried Benn, Gerhard Hauptmann, Ezra Pound und Knut Hamsun, von Jean Cocteau, Coco Chanel, C.G. Jung, Max Planck und natürlich Heidegger halbwegs gerecht miteinander vergleichen und gegeneinander aufrechnen? Und wer von den Genannten hat auch nur annähernd soviel Schuldbewusstsein aufgebracht wie etwa Alfred Baeumler, der Chef-Philosoph im Amte Rosenberg, der seine Lagerhaft akzeptierte und nach dem Krieg kein Hochschulamt mehr anstrebte – anders, als eine stattliche Reihe uneinsichtiger Musikwissenschaftler.

Die Pianisten-Historie berichtet aber auch von manch erstaunlichem Sinneswandel in der Causa Gieseking. Eugene Istomin, einer der interessantesten, schwierigsten und intellektuellsten Charaktere unter den bedeutenden Pianisten, empfand beim Hören von Gieseking-Aufnahmen Ähnliches wie beim Lesen von Pound und Céline: große Bewunderung gemischt mit Abscheu vor ihren tatsächlichen oder vermeintlichen faschistisch-nazistischen Gesinnungen – eine Meinung, die er im Fall Gieseking von Rubinstein ohne Prüfung übernommen hatte. Dann erlebte er im Juni 1954 während des Festivals in Prades Gieseking persönlich-privat: er beobachtete, wie der Pianist inkognito ein Billett für ein Beethoven-Konzert in St.-Pierre mit Pablo Casals und Rudolf Serkin erstand, sich aufmerksam zwei Cellosonaten und die Klaviersonate op. 109 anhörte und unerkannt-grußlos wieder verschwand. Istomin schien in Giesekings diskretem Auftreten und seinem Verhalten gegenüber zwei politisch verfolgten Kollegen soviel Respekt, auch Scheu und Bedauern erkennbar, dass er sich von seinen Ressentiments verabschiedete. (Istomin war damals in Prades, Casals' Exilort in den Pyrenäen, Dramaturg und ausübender Musiker; 1975 heiratete er Casals' Witwe Marta.)

Auch Menahem Pressler, als Max Pressler in Magdeburg geborener amerikanischer Pianist und Gründer des Beaux Arts Trio, zeigte Fairness: „Ich weiß, dass Künstler wie Furtwängler oder der Pianist Walter Gieseking dem Apparat sehr gedient haben, dadurch, dass sie berühmt waren und dass sie gut waren. Sie haben das Beste in der Musik vertreten. Das war Teil ihrer Karriere. Und menschlich muss man ihnen schon zugute halten, dass sie nicht wussten, wozu Hitler am Ende fähig war."

VAnderbilt 6-3896, 6-3897

CHARLES L. WAGNER

MANAGER

EDWARD W. SNOWDON

ASSOCIATE MANAGER

511 FIFTH AVENUE NEW YORK 17, N. Y.

JEAN O'REILLY, Secretary

Mr. Bruno Walter
Musical Adviser
Philharmonic-Symphony
113 W. 57th St.
New York 19, New York

September 3, 1948

Dear Mr. Walter:

You may recall that last winter when I announced the return to America of Walter Gieseking a few papers and one or two radio commentators expressed a little opposition to my move. I have been Gieseking's manager for the United States and Canada since this remarkable artist made his debut in 1926. If I thought Gieseking had ever been a willing collaborator with the Nazis you may rest assured I would not now be presenting him to the American public. On the contrary, I have known him well all through the years and have found him absorbed in his art and family, but completely disinterested in anything political. I feel that Gieseking has been the unfortunate victim of a slanderous smear campaign, based on his German citizenship. I know of no other reason, for certainly, in my forty years in this profession, I have ever known a more modest, self-effacing or more charitable artist.

My associate, Edward W. Snowdon, has prepared the enclosed booklet to bring out in the open all the charges that have been levelled at Gieseking, having in mind perhaps that termites and mildew don't last very long in sunlight. Mr. Meyer Kurz, who has been Gieseking's American attorney for many years, read proofs and has given his approval both to the contents and tone of this booklet. I hope you will read it carefully, let me have your reaction, and pass it along to anyone who may be interested or who may have been influenced by the various slanders.

You'll be glad to know that Gieseking has a fine tour lined up, and that there is tremendous warm and friendly interest in his return. We have only had a handful of protests from the whole country. In all but one or two cases I have found people anxious to know Gieseking is OK, that the rumors, lies and libels are untrue and unverified. In these terrible days of DP camps, totalitarian states, racial hates and prejudices, I think you will agree that our judgments of public figures should be temperate and considered: and I know you'll agree that an artist such as Gieseking should be allowed to create happiness with his exceptional talents everywhere and at all times.

Sincerely yours,

Charles L. Wagner

CABLE ADDRESS "CARLWAG"

Proteste

Gieseking war nach Kriegsende auf die *Blacklist* der U.S. Army's Information Control Division (ICD) gekommen und hatte Auftrittsverbot, das im Februar 1947 nach dem bürokratischen Entnazifizierungsakt aufgehoben wurde – bei Künstlern fast ein Routinevorgang, der sogar bei der unbelehrbaren „Reichsklaviermuse" Elly Ney problemlos ablief. (Gänzlich anders als bei Cortot und Mengelberg, die in ihren Heimatländern als Kollaborateure gebrandmarkt wurden und blieben.) Mit beginnender Nachkriegs-Normalität fingen auch die Planungen an, Giesekings internationale Karriere zu restituieren, wobei der Blick auf seine große amerikanische Gemeinde eine baldige Konzertreise durch die Staaten nahelegte. Sobald sich im Laufe des Jahres 1948 allerdings das Gerücht einer Gieseking-Tournee ab Anfang 1949 verdichtete, braute sich dunkles Gewölk zusammen. Während das National Symphony Orchestra in Washington das bereits terminierte Konzert absagte und Chefdirigent Hans Kindler verkündete, nicht mit Gieseking auftreten zu wollen, entschloss sich dessen amerikanisches Management zu einem ungewöhnlichen Schritt: im August 1948 veröffentlichte es eine zwölfseitige Broschüre mit dem Titel *Some Notes on „The Gieseking Case"*, ein flammendes Plädoyer für den Pianisten und vehemente Widerlegung der bekannten Vorwürfe. Der Text war von Edward W. Snowdon, dem *Associate Manager* der Agentur Wagner, der keineswegs nur Geschäftsinteressen an dem Fall hatte, sondern als *Intelligence Officer* der US-Army als einer der ersten die Buchenwald- und Lidice-Greuel in Augenschein genommen hatte, über die Zustände in Nazi- und Nachkriegs-Deutschland wohlinformiert war, aber Pauschal-Verurteilungen der Deutschen für unzulässig hielt. Er verbindet seine differenzierte Gieseking-Verteidigung mit Attacken gegen die „professional protesters", die sich ihrerseits der „tactics of Hitler and Himmler" bedienten, um einen der berühmtesten Künstler zu denunzieren.

Wie Gegendarstellungen in Zeitungen wurde diese Broschüre von den Leuten, die sie vor allem anging, nicht zur Kenntnis genommen. Als Gieseking dann wirklich am 24. Januar 1949, fast genau zehn Jahre nach den Carnegie Hall-Triumphen mit „Rach 3", in Manhattan ankam, erwarteten ihn vor dem seit Wochen ausverkauften Saal Demonstranten, die ihm seine Unerwünschtheit in den USA so deutlich machten, dass er es vorzog, am nächsten Tag nach Europa zurückzufliegen. „Cancelled concert: Walter Gieseking" verzeichnet die Carnegie Hall-Chronik: „This concert was cancelled at 6:45PM, at the request of the Department of Justice following investigations into Gieseking's alleged collaboration with the Nazi Party." „Gieseking Agrees to Quit U.S. without Giving Concert here." titelte die *New York Times* am nächsten Tag. (Er hätte spielen wollen: Mozarts KV 331; Beethovens op. 109; Brahms: Intermezzi aus op. 117, 118, 119; Fauré: Nocturne e-Moll, Impromptu As-Dur; die *Cipressi* von Castelnuovo-Tedesco; von Debussy vier *Préludes* aus dem zweiten Band; von Ravel zwei Stücke aus den *Miroirs*: *La vallée des cloches, Alborada del Gracioso.*)

Der Skandal in New York City zog eine landesweite, erregte Diskussion nach sich und wurde zur Staatsaffäre. Die ersten journalistischen Querschüsse waren zuvor aus Deutschland gekommen: Delbert Clark, Leiter des Berliner Büros der *New York Times*, hatte in seiner Zeitung – unbeeindruckt vom Ergebnis des Entnazifizierungs-Verfahrens – unter dem Titel „Gieseking, Pro and Con" noch einmal die Verfehlungen aufgezählt, die dem Pianisten zur Last gelegt worden waren, darunter Unwiderlegbares wie Giesekings gestiegene Einkünfte im *Third Reich* und Absurdes wie die Feststellung, er habe während der Gültigkeit des Molotow-Ribbentrop-Paktes besonders viel russische Musik in seine Programme gepackt und dies nach dem Überfall auf die Sowjetunion schleunigst wieder unterlassen. Das ungerechtfertigte Wort vom „reuelosen Nazi“ geriet in die Debatte, in die sich besonders nachdrücklich der jüdische Rechtsanwalt Meyer Kurz einschaltete: er stellte sich in einem Leserbrief als „Giesekings Freund, Anwalt und Bewunderer“ vor, der „eng mit Giesekings Manager zusammengearbeitet“ habe. Er warf Delbert Clark unter anderem vor, den Pianisten nicht einfach in Wiesbaden aufgesucht und befragt zu haben und die Gründe für die *Blacklisting* nur zu wiederholen, ohne jedoch den Lesern die Argumente für Giesekings Streichung von der schwarzen Nazi-Liste mitzuteilen. Giesekings Impresario Wagner, der sich – trotz der aus seinem Hause kommenden Rechtfertigung *The Gieseking Case* – als „Manager für Nazi-Künstler“ denunzieren lassen musste, beteuerte: „Wenn ich auch nur die leiseste Sympathie für die Nazis bei ihm entdeckt hätte, wäre diese Tournee nicht geplant worden. Ich kenne ihn seit 1925 – er ist der unpolitischste Mensch, dem ich je begegnet bin.“

Es waren Vertreter des American Veterans Committee (AVC) und American Jewish Congress, der Non-Sectarian Anti-Nazi League und Jewish War Veterans, die sich mit Protestplakaten (und Hakenkreuzfahnen) vor die Carnegie Hall postiert hatten, dieweil Gieseking vor allem aufgrund der Initiative zweier Kongressmitglieder von zwei Inspektoren der Auswanderungsbehörde festgesetzt wurde, damit nach einer Anhörung endgültig über seinen Verbleib oder die Abschiebung als unerwünschter Ausländer entschieden werden könne. Auf den Fotos von der Aktion liest man Plakattexte wie: „Herr Geisking will play funeral dirge for 6 million jews tonight“. (Es gab, wovon kaum die Rede ist, auch Pro-Gieseking-Plakate, die man schon daran erkennt, dass sein Name richtig geschrieben ist: „Mr. Gieseking was cleared by the Denazification Board.“ Und die Aufforderung: „Awake! The war is over – Stop this hate“)

Eine Plakat-Inschrift verbitterte Gieseking besonders: „Walter is playing today, will Ilse perform next Saturday?” Die heute erklärungsbedürftige Anspielung auf Ilse Koch, die sadistische Ehefrau des KZ-Kommandanten, weist darauf hin, dass der Fall auch den Vielen eine Empörungsmöglichkeit bot, die nicht genau wussten, wer Gieseking eigentlich war: die vom amerikanischen Militärgericht verhängte lebenslängliche Gefängnisstrafe für „die Bestie von Buchenwald“ war ein halbes Jahr zuvor auf vier Jahre ermäßigt worden, was in den USA ebenfalls Entrüstung hervorgerufen hatte. (Koch wurde danach noch einmal von einem deutschen Gericht verurteilt und erhängte sich 1967 in ihrer Zelle.) „Der Fall Walter Gieseking war eine unmittelbare Folge des Falles Ilse Koch“, schrieb Hans Habe in der Züricher *Weltwoche* und schätzte die Proteste nicht als „Krise der amerikanischen Toleranz“ ein sondern als eine „Vertrauenskrise des amerikanischen Volkes gegenüber seiner eigenen Militärregierung und dem Militärgouverneur General Clay“, womit auch die oberflächliche Durchführung der Entnazifizierungsverfahren gemeint war.

Nicht zu vermitteln war im Konflikt zwischen denen, die – wie Kongressabgeordneter Arthur Klein – von „nationalen Feinden“ der USA sprachen, und den zahlreichen Musikliebhabern, die nicht einsahen, dass man ihnen einen im Land besonders populären „Giganten des Klaviers“ weiter vorenthalten wollte: immerhin waren die 2670 Sitzplätze der Carnegie Hall (und die gesamte folgende Tournee mit Dutzenden Konzerten) seit langem ausverkauft. Natürlich waren jüdische Zeitungen (*The American Israelite*, *National Jewish Post*) besonders involviert und polarisiert: der Publizist Alfred Segal aus Cincinnati befürwortete Giesekings Zurückweisung sarkastisch-sardonisch: „Oh, we helped to toss out of the country the piano-player who used to play for the Nazis. We have taken from him all the profits he would have derived from his concerts. The six million dead are avenged! It was too ridiculous…“

Der Fall Gieseking war berühmt, aber nicht singulär. Der Blick auf unterschiedlichste Musikerbiographien zeigt, dass es eine Art Routine der Proteste und Empörungen gab: Yehudi Menuhin, der schon 1947 mit Furtwängler in Berlin auftrat, musste sich deshalb von amerikanischen Landsleuten „Verräter“ nennen lassen, und der spanische Cellist Gaspar Cassadó wurde am Auftritt in New York gehindert, weil er, der dreißig Jahre lang in Florenz lebte, einmal – auf Drängen seiner Freundin – vor Mussolini gespielt hatte.

„The Gieseking affair“ spielte noch eine wichtige Rolle, als im Jahre 1952 der amerikanische Kongress ein neues Einwanderungs- und Staatsangehörigkeitsgesetz (McCarran-Walter Act) auf den Weg brachte und verabschiedete, in dem es auch einen Passus gab, wonach Sympathie für die bzw. Mitgliedschaft in der NSDAP kein Einreisehindernis in die USA mehr sein sollte.

Erst gut vier Jahre nach seiner Zurückweisung, am 22. April 1953, spielte Gieseking wieder in der Carnegie Hall, gefeierter denn je.

Zweite Karriere

Von Anfang 1947 bis zu diesem USA-Neustart hatte er eine Nachkriegskarriere etabliert, die ihn bereits wieder bis nach Südamerika, Australien, Japan, Südostasien und Kanada führte.

Seine ersten Deutschland-Konzerte nach der Entnazifizierung waren von einem Publikum besucht worden, das sich alles mögliche von der Seele klatschen und jubeln wollte. Es ging wohl überall so ähnlich zu, wie bei den Baden-Badener Konzerten im März 1947, über das *Der Spiegel* berichtete (der erstaunlich regelmäßig über Gieseking schrieb). Bemerkenswert auch der zweite Abend, der offensichtlich für die Besatzungs-Franzosen ein bedeutendes Gesellschaftsereignis war:

> „Gieseking spielt in Baden-Baden
>
> Diese Nachricht, durch Plakate bekanntgegeben, brachte es mit sich, daß sich die Baden-Badener, obwohl im Laufe des Winters durch allerlei Kunstereignisse verwöhnt, sogleich am Sonntag in aller Frühe auf die Vorverkaufsjagd begaben. In ganz kurzer Zeit war keine Karte mehr zu haben. Schon eine Woche vor dem Konzert.
> Es stellte sich heraus, daß selbst der große Kurhaussaal nicht ausreichte. Man mußte auch den kleinen Saal nebenan aufschließen. Trotzdem mußten noch viele draußen bleiben. Walter Gieseking spielte das Klavierkonzert in Es-dur von Beethoven, mit dem großen Rundfunkorchester des Südwestfunkes unter der Leitung von G. E. Lessing. Es gab einen Beifall, von dem diejenigen, die es wissen müssen, sagten, der Kurhaussaal habe so etwas nur selten erlebt. Er brach orkanartig los und nahm lange Zeit kein Ende. Man klatschte, rief, trampelte, und man wich und wankte so wenig wie eine Mauer.
> Am Abend darauf spielte Gieseking wieder. Wegen des sehr speziellen Programms (Debussy, Ravel, Poulenc) hatte man gemeint, nicht

> mit einem größeren Publikum rechnen zu müssen, und hatte das Kleine Theater als musikalischen Schauplatz vorgesehen. Im letzten Augenblick mußte man doch wieder den großen Kurhaussaal wählen. Ueberwiegend waren diesmal Franzosen anwesend, darunter hohe Offiziere und einige hervorragend gut angezogene Frauen. Gieseking war, seitdem er 1928 sein erstes Konzert in Paris gegeben hatte, bis zum Kriegsausbruch jedes Jahr in Paris gewesen. Beim erstenmal hatte er vor einem kleinen Kreis von Musikliebhabern gespielt. Danach erschloß sich Paris ihm sehr schnell. Es sah in ihm den vollwertigsten Interpreten neuerer französischer Musik. Der Beifall am zweiten Baden-Badener Abend war, wenn möglich, noch stärker als tags zuvor. Das Publikum gab sich um keinen Preis früher zufrieden, als bis Walter Gieseking drei Zugaben gespielt hatte."

Giesekings Nachkriegsaktivitäten muten monomanisch und exzessiv an: Tourneen – regelmäßig auch wieder durch die USA –, Rundfunk- und Schallplattenaufnahmen und die Saarbrückener Lehrtätigkeit summieren sich zu einer kaum zu entwirrenden, rastlosen Agenda. Zwei Unglücke überschatten seine letzten Jahre: ein schwerer Autounfall in der Schweiz und, im Dezember 1955, ein Busunfall bei Stuttgart, bei dem seine Frau Annie ums Leben kam und er selbst schwer verletzt wurde. Seine vollständige Genesung wartete er so wenig ab, dass amerikanische Kritiker mit Besorgnis die turbanähnliche Kopfbandage registrierten, mit der er das Konzertpodium betrat.

Am 18. Oktober 1956 begann er in London mit einer Gesamtaufnahme der Beethoven-Sonaten, die er vier Tage später – während der Einspielung der D-Dur-Sonate op. 28 – abbrechen musste. Er starb am 26. Oktober nach einer Pankreas-Operation.

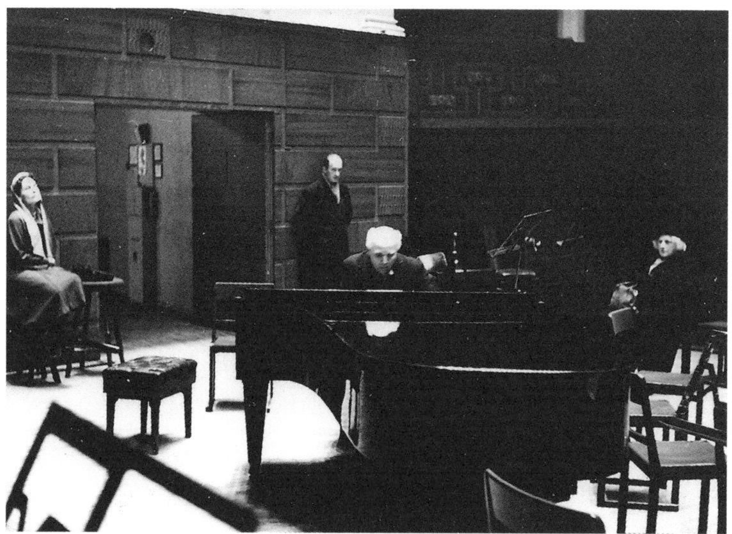

Konserthuset Stockholm, mit Susannc Brockhaus (links – Gattin des Verlegers Hans Brockhaus) und Annie Gieseking, um 1954

Sein Spiel, seine Aufnahmen

Man darf, allen Berichten nach, davon ausgehen, dass Gieseking in den 20er und 30er Jahren auf dem Höchststand seiner pianistischen Möglichkeiten war und muss es hinnehmen, dass die besonders akklamierten Aufführungen – und überhaupt ein großer Teil seines Repertoires – der Nachwelt nicht erhalten sind: es gibt von ihm nur eine rudimentäre Aufnahme von Brahms' B-Dur-, gar keine von Tschaikowskys b-Moll- und Chopins e-Moll-Konzert, keine von Schuberts *Wanderer*-Fantasie, von Strauss' *Burleske*, Liszts h-Moll-Sonate, Regers *BACH-Variationen* noch von Hindemiths *Suite 1922*. Dennoch summiert sich die Zahl der Veröffentlichungen (Schallplatten- und Rundfunkaufnahmen, Konzertmitschnitte) ins Unüberschaubare – und sie wächst noch: in den Funkarchiven scheinen noch etliche Aufnahmen zu schlummern, die der Digitalisierung harren. Wer will, kann sich sieben Aufnahmen von Beethovens Es-Dur-Konzert anhören, sechs von Schumanns a-Moll-Konzert, fünf von César Francks *Variations symphoniques,* viermal das Grieg-Konzert oder dreimal Mozarts KV 467. Seine Bach-, Mozart-, Beethoven-, Debussy-, Ravel- (Gesamt-)Aufnahmen sind berühmte diskographische Großtaten, und man trifft nach einigem Suchen auch auf Raritäten zwischen Christian Sinding und Walter Piston, Gustave Samazeuilh und Walter Niemann, gar auf Klavierrollen mit Schönbergs opera 11 und 19. Generalisierende Beschreibungen seines Spiels, Stils und Klangs sind immer besonders unpräzise: zum einen, weil die Konzert- und Aufnahmebedingungen samt Tagesform bei diesem überbeschäftigten Musiker stets wechselten; zum anderen, weil der Affekt- und Ausdrucksambitus zwischen klassizistischer Kühle und emotionaler Überhitzung bei ihm weiter gespannt war als bei allen anderen. Nicht selten riskierte er Kopf und

Kragen: Sein Beginn von Schumanns *Kreisleriana* macht dem Hörer auf der Stelle klar, dass ein wahnsinniger Kapellmeister nur *so* gespielt haben bzw. dargestellt werden kann. Seine Interpretation von Skrjabins fünfter Klaviersonate stellt nicht nur die läuternde Katharsis auf dem Weg zu kosmischen Mysterien dar, sondern ist die Ekstase selbst – der Pianist gerät außer sich. Ähnliches haben gewiss die Zeugen – zuerst die New Yorker – der Rachmaninow-Aufführungen empfunden: Er spielt sich in eine Passioniertheit am Rande des Zulässigen und Zügellosen. Einen Eindruck davon vermitteln die Live-Aufnahmen von März und Oktober 1940 (also kurz vor bzw. nach der Besetzung Hollands durch die Wehrmacht!) mit dem Concertgebouworkest unter dem später geächteten Mengelberg. Das c-Moll-Konzert bietet eine unerhörte Spannweite zwischen delikat und draufgängerisch – in der Kadenz des dritten Satzes drängt es Gieseking noch zu einem nicht notierten, definitiven Glissando. (Man grübelt im Übrigen über die Zusammensetzung des jubelnden Publikums im okkupierten Amsterdam.) Vom d-Moll-Konzert – Musikstatistiker behaupten, es sei das Konzert mit den meisten Noten pro Sekunde – ist außer dem Amsterdamer auch noch der New Yorker Mitschnitt aus dem Jahr zuvor (unter Barbirolli) erhalten: Gieseking spielt, anders als selbst der Komponist, die ungekürzte Version des Stücks und die originale Kadenz. Der extrem langsame Beginn des Kopfsatzes fällt bei beiden Aufnahmen des d-Moll-Konzerts auf, ist also wohl die Tempowahl Giesekings. Den Weg vom liedhaft-einstimmigen Einstiegsthema bis in die tumultuöse Kadenz disponiert er so souverän wie er sich angstfrei in die pianistischen Diablerien von zweitem und drittem Satz stürzt; eine deutsche Rachmaninow-Tradition fängt erst mit Gieseking an und führt einen gehörigen Anteil *furor teutonicus* mit sich.

Seine Tendenz zur Wildheit hat im Finale von Beethovens op. 106 das geeignete Objekt: der Finalsatz wird zur kubistischen Darstellung einer von Trillern durchschossenen und Akkordklumpen versehrten Fuge, und spätestens beim dritten Hören dämmert einem die Ahnung, dass diese Gewalttätigkeit den Beethovenschen Visionen besonders nahe kommt.

Es scheint zudem, als ob der utopische Versuch, sich durch den Gesamtbestand an Klaviermusik zu arbeiten, dem Gieseking-Spiel eine Grundtendenz zur Eile und Ungeduld, manchmal auch Hast, auferlegt hat, wovon die Tempi von der *Waldstein*-Sonate bis zu manchen der Skrjabin-Preludes op. 11 ebenso zeugen wie seine auffallende Neigung, auf vorgeschriebene Wiederholungen zu verzichten: ihm schien es wohl verlorene Zeit. Die als besonders schnell gerühmte oder gerügte Aufnahme der *Waldstein*-Sonate von Igor Levit nimmt einige Minuten mehr Zeit in Anspruch als die von Gieseking – auch wenn man die von ihm unterlassene Wiederholung der Kopfsatz-Exposition einrechnet.

Das mystifizierte Heiligtum aller Klaviermusik, Opus 111, durcheilt er in knapp zwanzig Minuten (Barenboim nimmt sich eine halbe Stunde) und versetzt den Hörer zurück in Zeiten, als das Stück zwar als höchst seltsam angesehen wurde, raunende Metaphysik und unangebrachte Letztwerk-Feierlichkeit aber noch keine Interpretations-Rolle spielten. Die gedrängten Wechsel von expressiver Überstürztheit und Kontemplation bekommen bei Gieseking eine „Anmutung“ von Spontan-Improvisation. Auch wer bei seinen jagenden Sechzehnteln im Kopfsatz Werktreue-Zweifel hat, wird sich doch eingestehen, dass der Finalsatz von der „Boogie Woogie“-Variation (Nr. 3) bis zum immateriellen Abheben in lichte Höhen – samt Dreifach-Trillern – in buchstäblich besten Händen ist.

Es finden sich aber auch die erstaunlichsten Gegenbeispiele zu Kraftentfaltung, Vehemenz und Rasanz: ein lyrisches Verweilen, verbunden mit exquisiter Kantabilität und Klangnoblesse. Giesekings stattliche Auswahl von Mendelssohns *Liedern ohne Worte* ist von anrührender, makellos-melancholischer Schönheit; in Schuberts G-Dur-Sonate schweift er durch den Quintenzirkel und die somnambulen himmlischen Längen mit der nötigen Zeitvergessenheit. Manches allerdings ist unerklärlich ambivalent: In Schumanns eigentümlichen, Biederkeit und Kühnheit mischenden *Waldszenen* spielt er einige Sätze beiläufig, überzogen, unachtsam. Aber *Der Vogel als Prophet* – seit jeher Prüfstein für pianistische Nuancenkunst – ist von unübertrefflicher Delikatesse. Und mit dem Finalsatz *Abschied* – für den er sich (bei einer Spieldauer von vier Minuten) eine Minute mehr Zeit nimmt als die sensible Clara Haskil – begibt er sich in den innersten Bezirk der Musikromantik: Schumann wendet sich in der Coda dreimal von B-Dur nach b-Moll, berührt dabei „entgrenzende" Nonenakkorde und – pardon! – einen doppeldominantischen Terzquart-Akkord mit tiefalteriertem Bass, dass man vermeint, der blauen Blume ansichtig zu werden – dies vor allem wegen Giesekings traumverlorenem Spiel.

Giesekings Aufnahmen – ein weites Feld, durch das man enthusiasmiert, verwundert, gelegentlich enttäuscht mäandern kann. Ab Anfang der zwanziger Jahre wurde er – bis buchstäblich zu seinem Tod – in London, New York, Paris, Wien, Zürich, Berlin (RIAS), Frankfurt (HR), Saarbrücken (SR) in die Studios gebeten und lieferte mit einer Routine ab, die ein Musikkritiker der *New York Times*, Bernard Holland, lakonisch beschrieb: „walk into the studio; play the music once; walk out." Da bei diesem Effizienzverfahren – und bei Gieseking ohnehin – die Kategorie des langsam-reifen-Lassens und höchster Ausgefeiltheit oft zugunsten eines großzügigen *al fresco* entfiel, wurden bei seinen Aufnahmen die genialen-spontanen Momente ebenso konserviert wie mancher Missgriff und Holperer, was aber – siehe Schnabel, Fischer, Cortot – üblich war und toleriert wurde. Aber immer wieder trifft man auf nahezu Vollkommenes wie das Lisztsche Es-Dur-Konzert mit dem London Philharmonic Orchestra unter Sir Henry Wood, einer Studio-Aufnahme aus dem Jahre 1932, die Giesekings geistig-manuelle *clarté* eindrucksvoll zur Geltung bringt.

Seine Aufnahmen in den Londoner EMI-Studios (ein Dutzend Sitzungen in sechs Jahren, veröffentlicht unter den Labels Columbia [britisch bzw. amerikanisch], Angel [amerikanisch], FCX [französisch], EMI) begann im Juni 1951 mit der ominösen Karajan-Woche (fünf Konzerte) und war Teil von Walter Legges Großinitiative, mit „Strandgut des Dritten Reiches“ einen konkurrenzlosen Klassik-Fundus aufzubauen. Er verpflichtete Karajan und Furtwängler (was die Feindseligkeit zwischen beiden noch befeuerte), die Pianisten Edwin Fischer und Walter Gieseking (aber auch Artur Schnabel und den schon todkranken Dinu Lipatti), die Sopranistinnen Kirsten Flagstad und natürlich Elisabeth Schwarzkopf, die er – mit Stolz und einigem Recht – seinen Freunden als „schönste Frau Europas“ annoncierte, bevor er sie heiratete. (Nur das Beste für die Gattin: er veranlasste, dass Gieseking sie bei Mozart-Liedern begleitete – dafür sang sie Giesekings *Kinderlieder* auf Gedichte von Paula und Richard Dehmel.) Doch die EMI war, bei aller Gewitztheit und Perfektionssucht des Produzenten, weniger auf dem *Quivive,* was die LP-Entwicklung und die Aufnahmetechnik anging, verschlief auch fast die Stereo-Revolution – jedenfalls kamen Giesekings Anschlags- und Klangraffinements, der „kristalline Diskant“ und die warme Fülle, bei den Soloklavier-Produktionen im Studio 3 an der berühmten Abbey Road häufig weniger zur Geltung, als es damals schon möglich gewesen wäre: Wie referentiell würden uns die Debussy-Etüden erst erscheinen, wenn die Subtilitäten dieser unglaublichen Stücke und ihres Interpreten im Dezember 1954 nur halbwegs erfasst worden wären!

Da waren die Techniker des Reichsrundfunks eine Dekade zuvor deutlich strebsamer und weiter: im Herbst 1944 bildeten sie Beethovens Es-Dur-Konzert im Berliner Haus des Rundfunks, Saal 1, mit zwei Röhrenmikrophonen und einer Röhrenbandmaschine so prächtig ab, wie der Pianist und das erkennbar motivierte Große Berliner Rundfunkorchester unter Arthur Rother es ihnen angeboten hatten: Gieseking spielte nicht nur imperial, sondern auch elegant, mit schönstem *jeu perlé.* (Und wenn man die Flugabwehrkanonen im Hintergrund hört, versucht man sich vergeblich in den Gemützustand von Musikern zu versetzen, die mit Hingabe an der

Verewigung ihrer Kunst arbeiten, während die Welt um sie herum zugrunde geht.)

Aber auch den Engländern gelangen mit Gieseking Klavierkonzerte für den diskographischen Parnass. Im Studio 1 (oder der angemieteten Kingsway Hall) gab es wohl bessere Mikrophone und/oder Flügel als im Studio 3. Die je zwei Mozart-Konzerte unter Karajan und Rosbaud sind Muster an schlankem Wohllaut und dialogischer Beseeltheit. Im d-Moll-Konzert gibt Rosbaud einen energischen *Don Giovanni*-Ton vor, zu dem Gieseking bis in die Beethoven-Kadenzen hinein immer wieder aufschließt. Das C-Dur-Konzert KV 503 ist apollinisch-festlich mit berückend-bedrückenden Eintrübungen, die Gieseking in der (eigenen) Kadenz noch intensiviert. Bei den beiden Konzerten mit Karajan – c-Moll und A-Dur-KV 488 – gelingt alles so gut, dass man sich nur kurz fragt, ob es noch besser hätte werden können, wenn es mehr Produktionszeit gegeben hätte und Karajan, der mit dem Selbstbewusstsein der englischen Orchestermusiker haderte, ihnen noch ein paar Feinheiten mehr hätte abringen können. Im verrauschten, aber prächtigen, straffen, perlenden New Yorker Mitschnitt (März 1955) des Konzerts KV 467 unter Guido Cantelli präsentiert Gieseking die betont anachronistischen Busoni-Kadenzen, die ihm Klemperer fast dreißig Jahre zuvor für ihr Konzert an gleichem Ort nahegelegt hatte. Immer fällt auf, wie der Großmeister des Pedals und Halbpedals auf diese mechanisch-akustische Hilfe verzichtet und mit seinem „Fingerlegato" edelste melodische Bögen spannt. Dies nicht nur bei Mozart: auch Beethovens Es-Dur-Sonate op. 7 und die in A-Dur op. 2/2 spielt er so gut wie pedallos: die Skalenrasereien in den Ecksätzen der A-Dur-Sonate sind von ultimativer Klarheit.

Und natürlich Bach: „Das rechte Pedal wird am besten vom Spieler überhaupt nicht berührt!" schrieb Gieseking 1941 in seinem Aufsatz *Bach-Interpretation auf dem Konzertflügel* und handelte (bzw. unterließ) entsprechend. Schon aus Gründen der Chronologie ging er auch mit Bach in die Tonträgergeschichte ein: er machte als erster – in den dreißiger Jahren – eine Aufnahme der sechsten Partita und als zweiter – nach Edwin Fischer – eine des gesamten *Wohltemperierten Klaviers.* Letztere entstand in zwei der sieben oder acht Sitzungen zwischen Ende Januar und Anfang Juni 1950, in denen er anlässlich von Bachs 200. Geburtstag im Saarländischen Rundfunk große Teile von dessen Klaviermusik aufnahm – mit Resultaten und unter Bedingungen, deren Beschreibung wieder an die Staunens- und Glaubensbereitschaft des Lesers appelliert: nach jeweils vollem Unterrichtstag im Staatlichen Konservatorium Saarbrücken (wo er seit 1947 eine Professur und Meisterklasse innehatte) machte er sich abends, eine Reihe von Studenten im Gefolge, auf den Weg zum SR auf dem Halberg und spielte ohne spezielle Vorbereitung (manchmal wohl vom Blatt, sogar mit Umblätterer – zudem auf unzureichendem Instrument) übervolle Programme: am 24. Januar 1950 fünf Partiten (II–VI), am 7. März *Wohltemperiertes Klavier I*, am 5. April Teil II und die sechste *Englische Suite*, am 3. Juni das *Capriccio über die Abreise des allerliebsten Bruders*, *Chromatische Fantasie und Fuge*, die dreistimmigen Inventionen, die dritte *Englische Suite*, Fantasie und Fuge a-Moll BWV 944, und auch an den Abenden um den 5. April bzw. 3. Juni hatte er sich ein vergleichbares Pensum aufbürden lassen: Dies alles unter Konzert-Konditionen – also ohne die Optionen Schnitt oder Wiederholung!

Unter diesen Aspekten reichen Aufnahmen wie die von der sechsten Partita oder der sechsten *Englischen Suite* wieder ans Wunderbare: zwei ausgewachsene Zyklen mit großdimensionierten Kopfsätzen, die dreistimmig-konzertante Fugen inkludieren und die mit Gigues enden, in denen strenges kontrapunktisches Exerzitium und Tanzvitalität zusammentreffen (die rasante d-Moll-Gigue ist zudem noch sadistische Trillerstudie). Dazwischen kann man sein Wohlgefallen aufteilen auf die zierlichen *Agréments* in Allemanden und Sarabanden, auf zopfige Gavottes und konzertante Couranten: die Corrente in der e-Moll-Partita mit Giesekings Zweiunddreißigstel-Kaskaden über den ostinaten Synkopen macht den Hörer orientierungs-, sprach- und wehrlos.

Mit den Debussy-Ravel-Aufnahmen begann Gieseking bereits 1923: nämlich mit den klingenden Wasserspielen *Reflets dans l'eau* (aus *Images I*) und *Jeux d'eau*, die ihn sein ganzes Leben (auch immer wieder ins Aufnahmestudio) begleiten sollten. Von manchen Stücken und Zyklen (Debussy-Préludes; Ravels *Gaspard de la nuit*) gibt es Vor- und Nachkriegsaufnahmen, die in allen Versionen als Referenz gelten. Hört man sich durch Giesekings Ravel-Aufnahmen (die, wie die Debussy-Produktionen, nicht nur chronologisch mit denen der wunderbaren Marcelle Meyer wetteifern), bleibt man verwundert am *Tombeau de Couperin* hängen: er spielt das *Prélude* erstaunlich langsam – braucht eine halbe Minute länger als die Pianisten von Vergleichsaufnahmen (von Vlado Perlemuter bis Samson François) –, dafür mit glasklarem, pedallosen Ebenmaß der ostinaten Sechzehntel. Die ganze Suite klingt bei ihm wie die Einlösung von Adornos Charakterisierung, der in das Stück vernarrt war und den besonderen Nekrolog-Charakter stark empfand. „Ravels Melancholie ist die helle und gläserne der enteilenden Zeit" formulierte er – das *Prélude* auf Gieseking-Manier ist das klingende Abbild dieser diskreten Trauer ebenso wie die Fuge: ein Glasperlenspiel, mit der sich die Gattung im Klavierdiskant für immer zu verabschieden scheint. Tempowahl und die erlesenen Klanglichkeiten von Giesekings „Lesart" lösen Adornos herbstlich poetisierende Deutung der unvergleichlichen Forlane („welker, sich selbst entblätternder Duft") und des Menuet („weiß ihre [Ravels Melancholie] Zärtlichkeit keine Worte, so darf sie sich die des alten G-Dur holen") aufs sublimste ein – umso entfesselter wirkt das Akkordgeprassel der Toccata.

Verwunderlich und bedauerlich, dass Gieseking die beiden Ravel-Konzerte offensichtlich nie gespielt hat, vorbildlich dagegen sein hartnäckiger Einsatz für Debussys wenig gespielte frühe *Fantasie für Klavier und Orchester*, von der eine Aufnahme mit dem Concertgebouworkest unter Mengelberg erhalten ist. Auch seine Treue zu César Francks *Variations symphoniques* ist bemerkenswert; er nobilitierte das kurze Stück, das er stets mit einem weiteren Konzert koppelte, durch seinen *touche magique* ebenso wie eine Auswahl von

Fauré-Nocturnes und -Impromptus, die unter seinen Händen aufblühten. Die Gutgelauntheit Emmanuel Chabriers sagte ihm ebenso zu wie die von Francis Poulenc, der ihn bewunderte und ihm eine *Humoresque* widmete – wenn Gieseking komponierte, klang meist ein wenig Poulenc an.

Die Meinungen der Kollegen über Giesekings Spiel ist – wenn sie sich denn äußern – von Bewunderung mit gelegentlichen Neid-Anteilen bestimmt. Auffallend und aufschlussreich ist die Ambivalenz von Claudio Arrau, dem acht Jahre jüngeren Deutsch-Chilenen, den schon sein Berliner Lehrer „die größte Begabung seit Liszt" nannte und dem die Biographen ein „konkurrenzlos breites Repertoire" bescheinigten. Auf die Interview-Frage, ob er Gieseking bewundert habe, antwortete er vorsichtig: „Manchmal", präzisiert die manchen Male: „Unvergesslich sind die *Kreisleriana*, die *Davidsbündlertänze*, die *BACH-Variationen* von Reger" und wendet dann ein: „Gründliches Studium war nicht seine Sache. Er verließ sich ganz auf seine Intuition. Manchmal ging es gut und manchmal nicht." Das ist immer noch freundlicher als der nächste Satz: „Sein Ton passte nicht für Beethoven", der nun wirklich einiger Ausführungen bedurft hätte. Und dann noch: „Auch als Debussy-Interpret schätzte ich ihn nicht besonders – was vielleicht merkwürdig klingt, weil er als Debussy-Spieler so bekannt war. Seine schwerelosen Pianissimi waren phantastisch. Aber er blieb auf der Ebene des Klangs." Die „Ebene des Klangs" (wenn sie nur hoch genug liegt) reicht bei Debussy-Interpretationen völlig aus, aber Arrau war ein Musiker, der immer auch nach „Bedeutung" und „Tiefe" schürfte und gelegentlich – etwa beim Aufspüren halbverschütteter Mittelstimmen – eine leicht didaktische Art an den Tag legte, die man in Deutschland gerne „philosophisch" nennt und die Gieseking ganz fremd war. Was Arrau nur gedacht haben mag, als er zum 65. Geburtstag von den Berliner Philharmonikern als Erbe „des Throns von Gieseking und Busoni" geehrt wurde? Noch einmal versöhnliches Lob von Giesekings Schumannspiel erfährt man im weiteren Interview-Verlauf:

„Von den *Davidsbündlertänzen* habe ich in meinem Leben nur eine einzige wirklich gute Aufführung gehört – Gieseking, in einem seiner guten Konzerte."

Kammermusikalisches mit Gieseking ist in bescheidenem Umfang aber bemerkenswerter Qualität auf die Nachwelt gekommen: etwa die beiden Es-Dur-Klavierquintette von Mozart und Beethoven mit Solobläsern des Philharmonia Orchestra, darunter der legendäre Hornist Dennis Brain (Gieseking war vertraut mit den Stücken und hatte als 22jähriger ein schönes B-Dur-Quintett für diese Besetzung komponiert, das sich heute wieder einiger Beliebtheit erfreut.) Eher der Not geschuldet ist eine musikalische Nachkriegspartnerschaft, von der der Literaturwissenschaftler Hans Mayer in seinen Erinnerungen *Gelebte Musik* schreibt: „[Mein Freund Wolfgang Fortner] berichtete damals in Frankfurt, als ich dort bereits als Chefredakteur von Radio Frankfurt amtierte, von den Zusammenkünften deutscher Musiker im Hause des Verlegers Ludwig Strecker vom Schott-Verlag in Mainz. Drei von den Amerikanern gesperrte Musiker hatten sich dort als Klaviertrio etabliert: Walter Gieseking, Gerhard Taschner, Ludwig Hoelscher." An dem Bericht ist manches kurios: zunächst, dass der „rassisch verfolgte" Mayer den Ex-Parteigenossen Fortner (wie übrigens auch den frisch gewendeten Darmstadt-Ferienkurs-Gründer Wolfgang Steinecke) so umstandslos seinen Freund nennt; zum anderen, dass diese neue, noch halblegale Formation aus drei Musikern von der schnell zu vergessenden „Gottbegnadeten"-Liste bestand. Von Ravels a-Moll-Trio haben sie eine spannende Aufnahme hinterlassen; und von der Partnerschaft Taschner-Gieseking hat eine stürmische – angeblich eilig in einer Orchesterpause eingespielte – *Kreutzer*-Sonate Bestand.

Gieseking kommt häufig in Musiker-Autobiographien vor, auch in der von Wolfgang Sawallisch: *Im Interesse der Deutlichkeit*. Der Dirigent erzählt von einer konspirativen, etwas lausbübischen Publikums-Irritation: „Wir gingen in der Probe kurz den letzten Satz des

Schumannschen Klavierkonzerts durch, und Gieseking sagte: ‚Herr Sawallisch, von dieser Stelle ab wollen wir ein ganz kleines bißchen schneller werden – da machen wir einen *final drive.* Wenn wir das richtig hinkriegen – glauben Sie mir, ich kenne das Publikum der lateinischen Länder – und wenn es uns gelingt, das Publikum zwanzig oder sechzehn Takte vor Schluss zum Applaudieren zu bewegen, dann sind wir gut gewesen!‘

Während der Aufführung – wir hatten fast die Stelle erreicht, über die wir gesprochen hatten – blickte ich zu Gieseking nach unten. Mit einem unmerklichen Augenzwinkern gab er mir zu verstehen: Jetzt legen wir los! Und so geschah es.

Nicht, dass wir Showgeschäft betrieben hätten, aber wir wurden immer intensiver, waren bei der Stelle, bei der laut Gieseking das Publikum eigentlich hätte anfangen müssen zu applaudieren – und tatsächlich! Unser gemeinschaftlicher Aufschwung schien offensichtlich so unwiderstehlich, dass gewaltiger Applaus anhob.

Na, was hab' ich Ihnen gesagt! Wir waren gut! schien mir Gieseking zuzuzwinkern.“

Man schmunzelt mit – und kann sich kein Publikum, auch keines „der lateinischen Länder“, vorstellen, das in der Coda des dritten Schumann-Satzes eine Lücke findet, um zu früh zu klatschen.

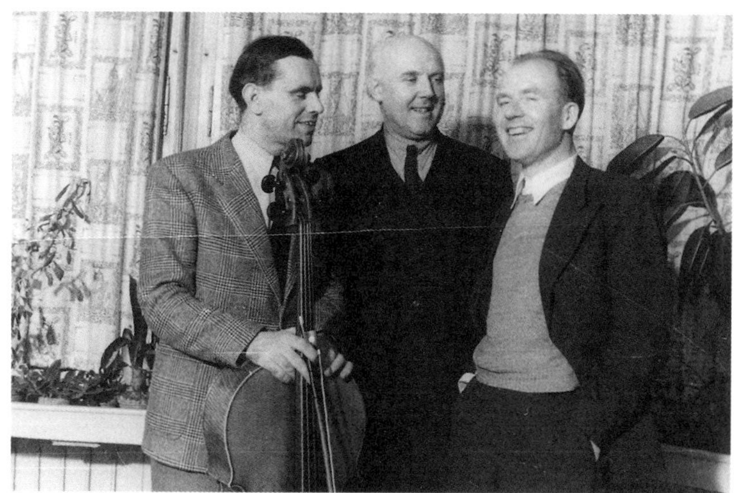

Mit Ludwig Hoelscher und Wolfgang Fortner, fotografiert vermutlich 1948 bei Gelegenheit der Produktion von Fortners Cellosonate

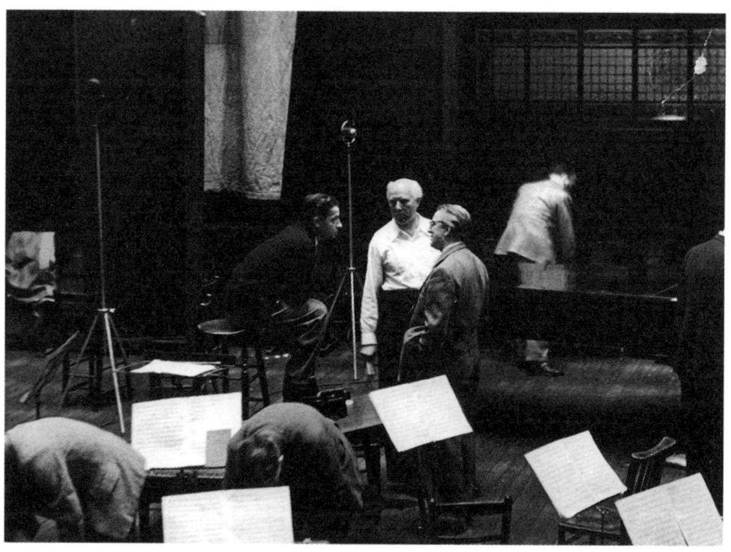

Mit Herbert von Karajan und Walter Legge, Juni 1951

Zwei Musikkritiker
(Alexander Berrsche, Theodor W. Adorno)

Gieseking gehörte nicht zu den Musikern, die behaupteten, Konzertkritiken seien ihnen gleichgültig. Er sammelte sie sogar tausendfach, hatte meist Grund, sich an ihnen zu erfreuen und zitiert in seinen Erinnerungen manch hymnische Rezensentenstimme. Die Besonderheiten seines Spiels und seiner Programme waren allerdings Herausforderungen an die Berufshörer, mit dem kritischen Wort besonders kreativ und sorgsam umzugehen. Seine phänomenalen Gaben wurden vom ersten Konzerttag an erkannt, seine Individualität erschwerte den Kritikern aber auch die Einordnung in Schulen und Traditionen.

Woher und wie der Wind zunächst wehte, lässt sich an Kritiken des eigentlich verehrungswürdigen Alexander Berrsche ablesen (der mit seiner Reger- und Pfitzner-Leidenschaft einmal zu den Fortschrittlern gehörte, mit Hindemith, Strawinsky und Schönberg aber nichts mehr anfangen konnte, Rachmaninow in seiner Kritikensammlung *Trösterin Musika* nicht einmal erwähnt). In einem Text von 1922 sprach er etwas maliziös von den Pianisten neben dem vergötterten Edwin Fischer, die ein „selbstgewähltes, verfeinertes Spezialistentum" repräsentieren. „Der verblüffendste, aber auch engste dieser Spezialisten ist Gieseking. Wie er seine Jungfranzosen (nebst Vorläufern und Gefolge) in Klang, Dynamik und Audruck zu interpretieren weiß, das grenzt in seiner spontanen Freiheit und Überlegenheit an vollkommene Hexerei und reißt auch den Widerstrebenden jedesmal aufs neue mit. Für die guten deutschen Meister fehlt ihm der große dynamische Atem, der Weitblick des Zusammenfassens..." Die leichte Verachtung für den welschen Tand aus dem Lande des Erbfeindes ist ebenso unüberhörbar wie das Unverständnis für Giesekings damals vermutlich schon eher zügig-unprätentiöse

Darstellung der „guten deutschen Meister“. Gänzlich entwaffnet ist Berrsche zehn Jahre später durch die Interpretation eines Konzerts, das er noch weniger mag als französische Musik, aber: „Von diesem Pianisten kann man sich sogar Tschaikowskys b-Moll-Konzert gefallen lassen. Seine Technik ist ein Wunder geisterfüllter Präzision, das Mechanische daran wirkt so mühelos, dass man es kaum bemerkt... Dieses Gleichmaß von Technik und Geist, von Ausdrucksreichtum und Werkgesinnung hat etwas fast Paradoxes: die Paradoxie des Vollkommenen.“

Adorno hat Gieseking während seiner Frankfurter Kritikertätigkeit (1922–1934) wahrscheinlich ein Dutzend mal gehört und stets für so herausragend befunden, dass er bald aufhörte, feinsinnige Adjektive für die Qualitäten dieses Klavierspiels zu bemühen, sondern es bei pauschalen Superlativen beließ – wobei die Stücke gelegentlich schlechter wegkommen als ihr Interpret: „Gieseking spielte vortrefflich die Nächte in spanischen Gärten von Manuel de Falla: versierten Edelkitsch, der im Kino am Ort wäre. An demselben Abend ließ Gieseking eine entzückend unsolide Sonatine von Casella springen; schade bloß, dass der dritte Satz der Kabarettnummer versagt“ (April 1925). „Gieseking spielte das Tschaikowsky-Konzert auf höchstem Niveau (Januar 1927). „Das Publikum hatte seine Sensation in Regers Beethoven-Variationen, die Gieseking und Hoehn an zwei Klavieren vereinten“ (Juni 1927). „Gieseking spielte das C-Dur-Konzert von Mozart; pianistisch kaum zu übertreffen“ (Februar 1930). „Im zweiten Montagskonzert spielte Gieseking geradezu unübertrefflich Brahmsens B-Dur-Konzert. Der zweite Satz rechnet zu den unvergesslichsten Interpretationsleistungen“ (Januar 1934).

Zwei mal holt Adorno weiter aus. An Pfitzners Es-Dur-Konzert (Februar 1924, ein Jahr nach der Uraufführung) arbeitet er sich gewissenhaft und mit ungünstigem Fazit für Komponist und Stück ab, formuliert aber am Ende die Ehrenrettung Giesekings mit dem unvergesslichen Satz: „Es bleibt nichts mehr als die betroffene Achtung vor einem Künstler auf verlorenem Posten.“

1927 präsentierte Gieseking dem Auditorium des IGNM-Festes Castelnuovo-Tedescos *Tänze des Königs David*, eine imaginäre und wirkungssichere hebräische Folklore, die von Adorno erwartungsgemäß keine Gnade erfuhr: „Die Danze del Re David des ursprünglich sehr talentierten Mario Castelnuovo-Tedesco haben es diesmal nicht mit Italien, sondern mit Palästina zu tun; es scheint für einen Folkloristen keinen gar zu großen Unterschied zu machen, welches Volk er gerade komponiert. Die Danze sind erschreckend hohle Festmusik, wurden erträglich allein durch die meisterliche Interpretation Giesekings und dankten ihr sogar einen großen Publikumserfolg." (Die Verfasserin eines mit der Promotion belohnten „Standardwerks" über die Leimer-Gieseking-Pädagogik hält bizarrerweise diese alttestamentarischen Klaviertänze für ein Orchesterstück und das Urteil Adornos – der ihr unbekannt zu sein scheint – für eine „beschämende Diffamierung", gar für eine generelle „Ablehnung… moderner Kompositionen." Die Autorin macht im Übrigen auch Ravel und „das Ehepaar Dehmel" zu Juden, um nachzuweisen, dass Gieseking kein Antisemit war – das hatte er nun wirklich nicht nötig.)

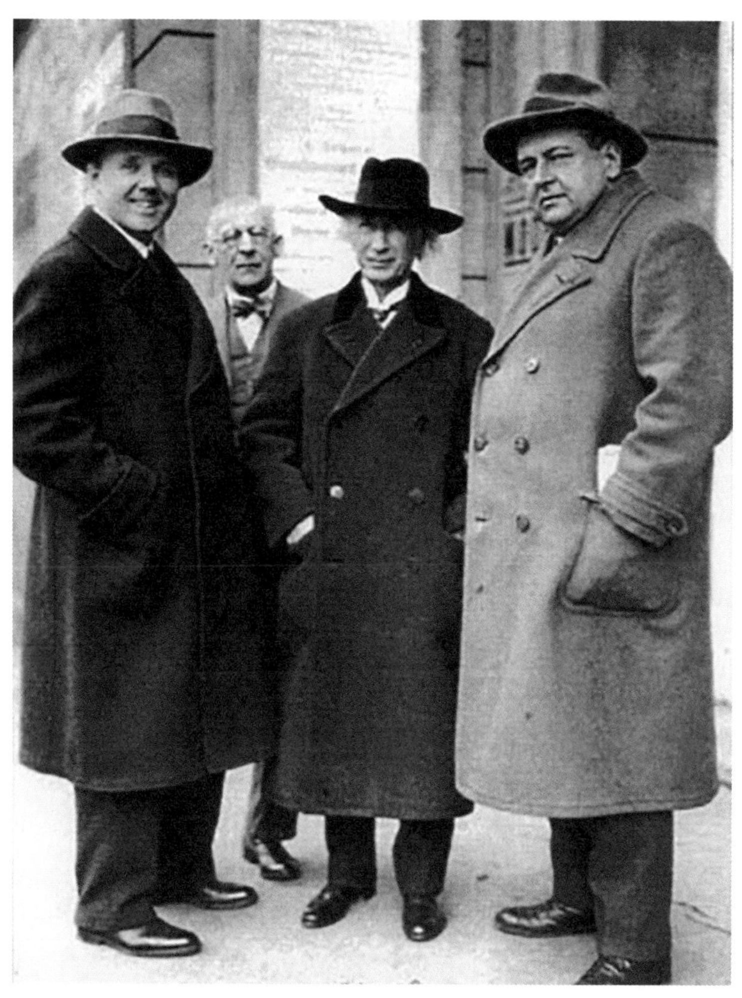

Mit Emil von Sauer, Joseph Marx, Wien, 1932

Einige Klavierkonzerte
(Hans Pfitzner, Joseph Marx, Ernst Toch, Max Trapp)

Die erfolgreiche Uraufführung von Pfitzners Es-Dur-Konzert fand im März 1923 in Dresden statt, es dirigierte Fritz Busch, der erste Widmungsträger des Stücks, dem der Komponist die Dedikation wieder entzog – entweder wegen menschlich-künstlerischer Zwistigkeiten oder schlicht aus Opportunismus: Busch wurde 1933 von den Nationalsozialisten aus Dresden vertrieben, mit denen Pfitzner sich bekanntlich gut stellen wollte. Gieseking war abonniert auf das Konzert, führte es immer wieder mit der Dirigentenprominez auf – Furtwängler, Bruno Walter, Franz Schalk und Pfitzner selbst. Es führt die Brahms-Tradition der Sinfonie mit obligatem Klavier fort und wird heute ähnlich selten aufgeführt wie das Reger-Konzert. Die Zurückhaltung von Pianisten und Dirigenten ist verknüpft mit Vorbehalten gegen die unleidliche Person Pfitzner, den notorischen, im Ansatz größenwahnsinnigen Querulanten und hartnäckigen NS-Sympathisanten.

Die Einschätzung des Stücks war und ist ambivalent: der Musikkritiker Berrsche nannte es „genial" und brachte als Gründe kompositorisch-formale Details ins Spiel, die Adorno zum Beweis des Gegenteils dienten: er monierte das „matt Eklektische oder gewaltsam Aufgeplusterte". Das Konzert weist allerdings Brüche auf, deren Deutung als kompositorisch bewusste Zeitkrisen-Symptome oder Misslungenheit dem kundigen Hörer freistehen, stellt dabei an Solist und Orchester Anforderungen hart an der Grenze der Spielbarkeit. In einer live-Aufnahme vom Dezember 1943 mit dem Philharmonischen Staatsorchester Hamburg unter Albert Bittner ist Gieseking in bestechender Form, spielt „pomphafte" und „ungeschlachte" (so die Vortragsbezeichnungen der Ecksätze) Massiv-Akkordik mit eisernem Zugriff, zierliches Rankenwerk mit äußerster Delikatesse, rasend schnelles Laufwerk mit Freude am virtuosen Gelingen. Das Scherzo, ein „atemloses", wie Mendelssohn beginnendes Jagdstück im schlichten 6/8-Metrum, geht vermutlich auch Pfitzner-Verächtern nicht aus dem Kopf: wenn die vier Hörner die chromatisch gerückten Sixte-ajouté- und Nonenakkorde des Klaviers aufgreifen, geht es so undeutsch zu, dass man kurzfristig an Stan Kentons Bigband erinnert wird.

Gieseking führte – nachdem er das erste erst- und das zweite uraufgeführt hatte – beide Klavierkonzerte von Joseph Marx im Repertoire und spielte sie häufig: das „Romantische" in E-Dur und das in Es-Dur mit dem Untertitel „Castelli Romani", beides ausschweifend-farbsatte, spätromantische Stücke für schwärmerische Klavier-Athleten. Das zweite Konzert – eine Hommage an Orte in den Albaner Bergen mit deutlichen Anklängen an Respighis Rom-Zyklen – spielte er auch bei den ominösen Düsseldorfer Reichsmusiktagen. Das erscheint aber eher wie ein Betriebsunfall der NS-Programmdramaturgie: nach dem „Anschluss" Österreichs im März 1938, zwei Monate vor diesem Konzert, beeilten sich die neuen Herren, den Grazer Komponisten der meisten seiner wichtigen Ämter im österreichischen Musikleben zu entheben – nicht etwa wegen freiheitlich-demokratischen Gedankenguts, sondern weil er den konkurrierenden Austrofaschisten nahestand. Dass die Nazis Marx dann doch für sich reklamierten und sogar auf die „Gottbegnadeten"-Liste setzten, hatte wohl vornehmlich mit seinem demonstrativen Konservativismus zu tun. Er musste sich nach dem Krieg Vorwürfe wegen tatsächlicher oder vermeintlicher NS-Nähe gefallen lassen. (Im selben Düsseldorfer Konzert wurde erstaunlicherweise auch Boris Blachers *Geigenmusik* aufgeführt, die zuvor schon von linientreuen Beurteilern als „entartet" verunglimpft worden war – es lief noch nicht rund mit der musikalischen Gleichschaltung.) Nachkriegs-Aufführungen und -Aufnahmen der beiden Marx-Konzerte waren meist erfolgreich: kurioserweise erklärte der noble kubanisch-amerikanische Pianist Jorge Bolet das „Romantische", eine 40-minütige

Korngold-Übertrumpfung, zu seinem „Lieblingskonzert“ und spielte es mit der New York Philharmonic unter Zubin Mehta in der Carnegie Hall.

Von Gieseking ist keine Aufnahme erhalten.

Namhafte Pianisten standen für die Uraufführung von Ernst Tochs Klavierkonzert op. 38 zur Debatte. Toch selbst hatte an Eduard Erdmann gedacht (Giesekings Partner beim Vierhändig-Spielen), aber Elly Ney (damals wohl noch keine Antisemitin) und Gieseking hatten sich darum beworben, und der Schott-Verlag entschied sich für Gieseking. Die Premiere war im Oktober 1926 in Düsseldorf mit Hans Weisbach als Dirigent – Beginn eines erstaunlichen Erfolgsweges: Ney, Erdmann und der Schweizer Walter Frey nahmen das Stück auch ins Repertoire, obwohl es mit manch expressionistischen Härten viele Hörer als Beispiel „radikaler Gegenwartsmusik“ verschreckte. Eine bemerkenswerte dadaistisch-szenische Pointe gibt es kurz vor Schluss, wenn der Solist angesichts einer heftigen polyphonen Stimm-Verknotung „Ruhe!“ ins orchestrale Getümmel brüllen muss – und mit seinen eigenen, bedächtigeren musikalischen Gedanken fortfährt.

Gieseking soll das Konzert mehr als fünfzig Mal gespielt haben, bevor Toch das nazistische Aufführungsverbot ereilte. Er erwähnt es in seinen Erinnerungen mit keinem Wort. (An den Namen Toch [und den Hindemiths] knüpft sich auch eine kuriose Episode von den Donaueschinger Musiktagen 1926: bei beiden Komponisten waren neue Werke für mechanisches Klavier in Auftrag gegeben worden, die sie auch lieferten. Darüber hinaus präsentierten sie noch originäre Klavierstücke in Übertragungen auf Welte-Mignon: Toch seinen Welterfolg *Der Jongleur*, Hindemith das *Rondo* aus op. 37. Und dann kamen sie noch auf die Idee, dem „automatischen“ das „lebendige“ Klavier gegenüberzustellen, wozu sie sich die Mitwirkung Giesekings einfallen ließen. Auch der Pianist konnte sich das vorstellen: „Es wäre instruktiv gewesen, wenn ich gegen den

Welte-Mignon angespielt hätte." Aber es gab Terminschwierigkeiten, und der Wettbewerb Mensch–Maschine musste entfallen.)

Die Uraufführung von Max Trapps Klavierkonzert spielte Gieseking im Oktober 1935 in Amsterdam: seine Partner waren das Concertgebouworkest unter seinem Chef Willem Mengelberg. Trapp gilt als Inbegriff des eifrigen, systemkonformen NS-Profiteurs, erhielt während des „dritten Reichs" Aufträge, höchste Ehren und Posten und machte – anders als Egk und Fortner – keine nennenswerte Nachkriegskarriere mehr. Das Klavierkonzert taugt allerdings nicht zum Objekt der Verachtung und ist keine Nazi-Musik – wenn man sich darunter „völkische" Kompositionen mit hohlem Pathos und angestrengter Innerlichkeit vorstellt. Es ist angesiedelt zwischen Debussy, Prokofjew, Rachmaninow, Reger und handwerklich wohlgelungen. Der Solist hat von Glitzerpassagen bis zu krachenden Doppeloktaven ebenso dankbare wie schwere Aufgaben (die Finaltoccata ist besonders heikel): der Uraufführungs-Mitschnitt vermittelt einen Eindruck von der stürmischen Präsenz der damaligen Gieseking-Auftritte.

Mildernde Umstände bei der Beurteilung des Falles Trapp bieten die Erinnerungen des israelischen Komponisten Josef Tal (*Der Sohn des Rabbiners*), der vor seiner Emigration an der Berliner Musikhochschule Kompositions- und Klavierschüler Trapps war, ihn zeitlebens verehrte und von dessen Studentenschaft als „kleiner Gemeinde" schwärmte. Günter Raphael, nach der NS-Arithmetik Halbjude, war ebenfalls Trapp-Schüler.

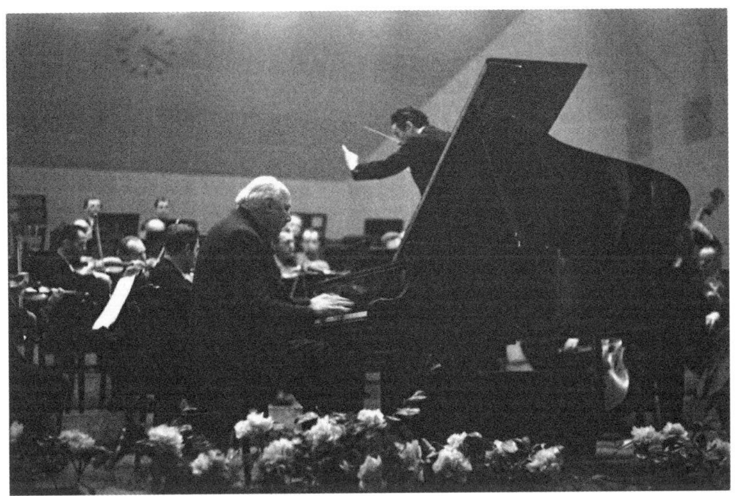

Mit dem Berliner Philharmonischen Orchester und Sergiu Celibidache, 1947

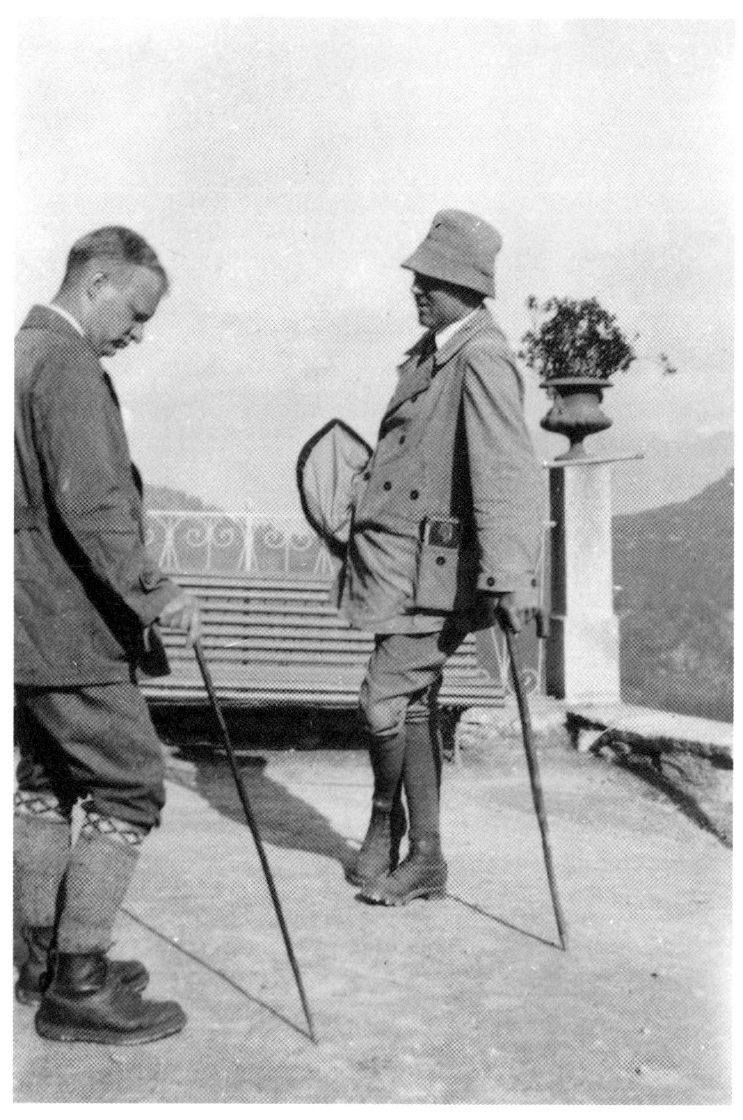

Gieseking (mit Schmetterlingsnetz und -büchse) und Paul Hindemith, Wallis 1922

Ein Foto
(Annie Gieseking, Walter Gieseking, Paul Hindemith, Alma Moodie, Ernst Krenek)

Auf einer Bank im Wallis, 1922: vier Musiker, die wesentliche Teile der Musikgeschichte des 20. Jahrhunderts repräsentieren. Das Verhältnis Gieseking–Hindemith darf wohl Freundschaft genannt werden: jedenfalls gehörte der Pianist zu den Auserwählten, die – wie auch Gottfried Benn – mit Hindemiths vielteiliger Modelleisenbahn in dessen Berliner Wohnung spielen durften. Der türkische Kunst- und Musikwissenschaftler Cevad Memduh Altar, ein Atatürk-Abgesandter, hat das im Jahre 1936 miterlebt:

> „Sein Spielpartner war dieses Mal der große Pianist Walter Gieseking. Inmitten des Raumes waren große Elektro-Loks, Waggons, Eisenbahnschienen, Brücken, Tunnels, Bahnhöfe, Lichtsignale usw. ordentlich aufgestellt. An den Wänden hingen Kursbuchtabellen mit Ankunfts- und Abfahrtszeiten verschiedener Züge. Das Spiel ging los. Er war ein Wettrennen. Die Züge sollten heil, ohne Unfall und Zusammenstoß, aber möglichst schnell den Zielbahnhof erreichen."

Gieseking hatte Hindemiths rebellische *Suite 1922* uraufgeführt, sein wagemutiges New Yorker Dreifachdebut 1926 hatte er beim Recital mit Sätzen aus der Klaviermusik op. 37, den Orchesterauftritt mit dem Klavierkonzert op. 36,2 (Kammermusik Nr. 2) bestritten. Später spielte er die Konzertmusik op. 49 und nahm nach dem Krieg auch *Die vier Temperamente* ins Repertoire. Die Ausläufer der Staatsaffäre Hindemith kamen ihm bedrohlich nahe: im Oktober 1936 spielte er in Berlin mit Georg Kulenkampff die Violinsonate in E mit nachdrücklichem Erfolg, was die Zensoren ungemein reizte – sowohl die Uraufführung der 1. Klaviersonate (für die Gieseking sich bei Hindemith erfolgreich einen alternativen zweiten Satz erbeten hatte) als auch der Flötensonate (mit Gustav Scheck), beide für

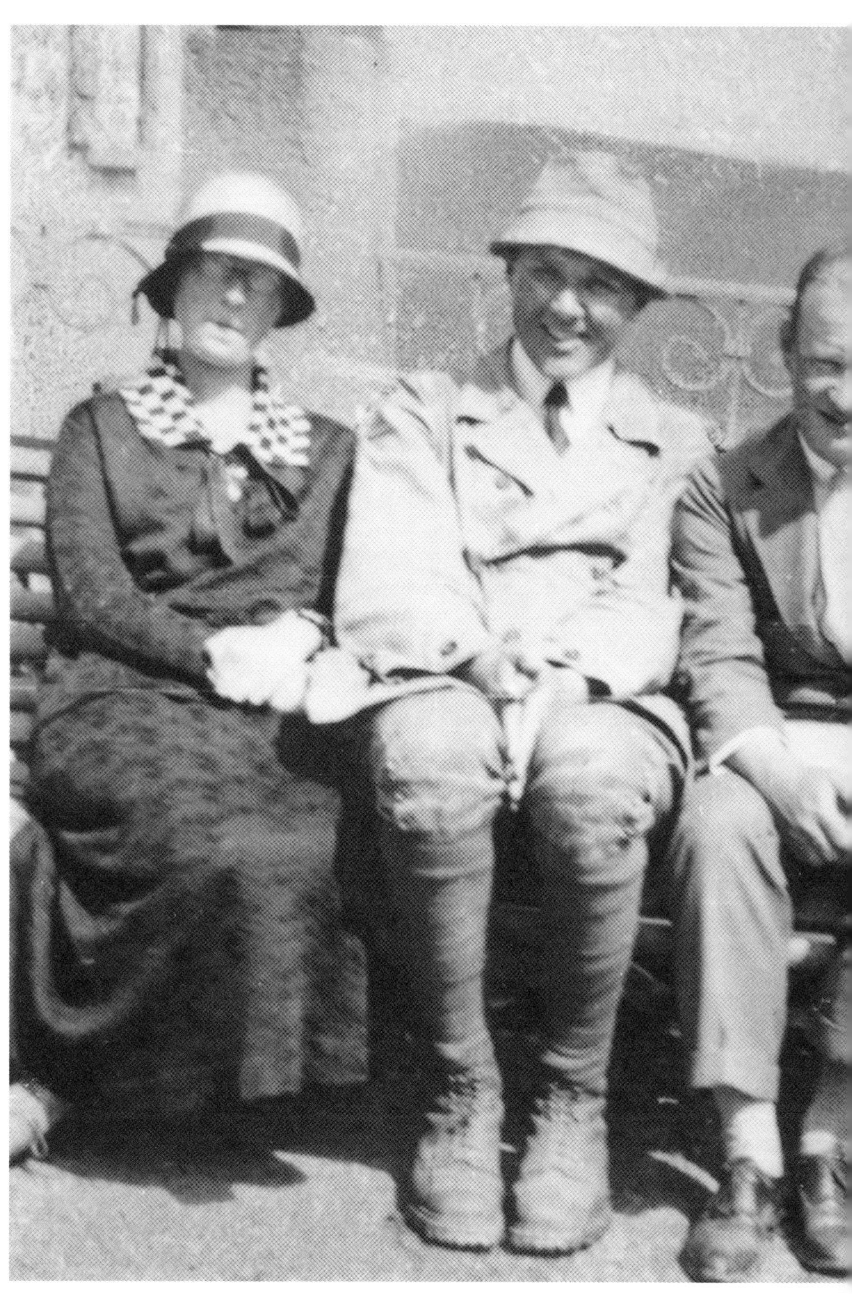

Annie und Walter Gieseking, Paul Hindemith, Alma Moodie und Ernst Krenek, 1922

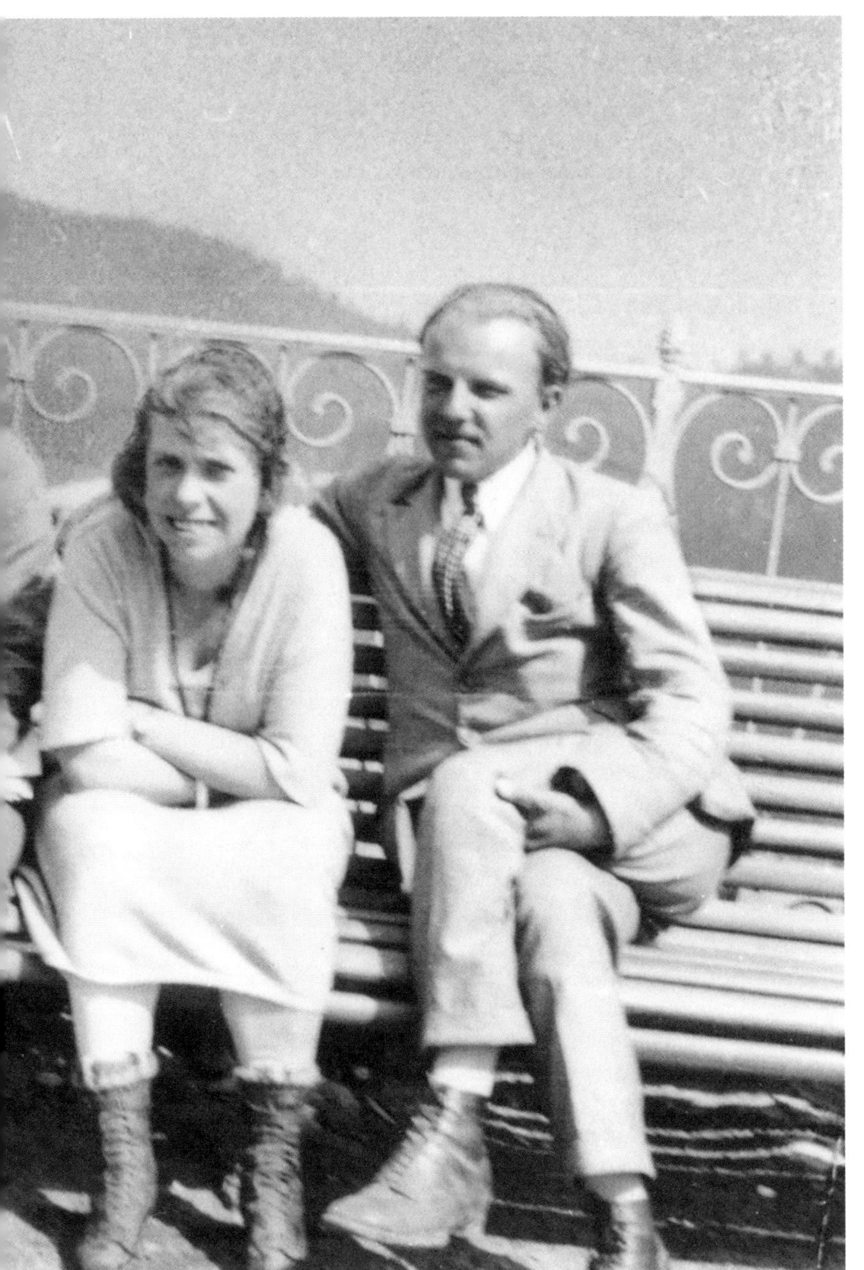

das Jahr 1936 bereits programmiert, fielen Goebbels' Aufführungsverbot von Werken des „atonalen Geräuschemachers" zum Opfer.

Hindemith, kurz nach dem New Yorker Gieseking-Eklat 1949 um seine Meinung dazu befragt, wiegelte ab: „Man soll keine Affäre daraus machen. Man soll den Dingen Zeit lassen."

Auf dem Foto sieht man zu Hindemiths Linker Alma Moodie sitzen, die australische Geigerin, die in Deutschland Karriere machte (und mit erst 44 Jahren in Frankfurt während eines Luftangriffs starb – nicht durch Bomben, sondern einen Cocktail aus Alkohol und Tabletten.) Pfitzner, Hindemith und Krenek widmeten ihr Werke; Reger, Strawinsky und Erdmann waren ihre Klavierpartner; Rilke ließ sich durch ihr Bach-Spiel rühren.

Zu ihrer Linken wiederum sitzt Ernst Krenek, mit dem sie damals eine Affäre hatte. In Kreneks 1000-seitiger, nur knapp die erste Lebenshälfte umfassender Autobiographie, die er zwischen 1942 und 1952 (auf Englisch) schrieb und die erst 1998 auf Deutsch erschien (*Im Atem der Zeit*), spielt sie eine Hauptrolle. Die beiden anderen – Gieseking und Hindemith – kommen auch vor, werden aber Objekte von Kreneks obsessivem Bedürfnis, seine beträchtlichen literarischen Fähigkeiten dazu zu verwenden, über so gut wie alle Berühmtheiten, auch vermeintliche Freunde, despektierlich zu schreiben. Dem Kollegen Hindemith fühlte er sich „in den subtileren Angelegenheiten der Kultur und des Geistes überlegen"; bei Gieseking, dessen Blattspiel-Triumph in der Schreker-Klasse er miterlebt hatte, mischt sich Boshaftigkeit mit Bewunderung:

> „Der korpulente Mann mit dem fast idiotischen Gesichtsausdruck war eine fast paradoxe Erscheinung, denn niemand hätte geglaubt, dass dieser phlegmatisch aussehende Teutone bei der Darbietung der morbiden, eleganten, pianistischen Träume Debussys und Ravels eine fast einzigartige Zartheit und Empfindsamkeit an den Tag legen würde. Seine phänomenale Musikalität war etwas wie ein unterbewusster Wesenszug… Der erstaunliche Mann widmete sich mit Leidenschaft dem Hobby des Schmetterlingsammelns. Als wir vor dem

Belalp-Hotel auf der Terrasse saßen, beteiligte er sich am Gespräch im wesentlichen mit einsilbigen Bemerkungen und leerem Gesichtsausdruck. Aber als irgendein unscheinbarer Falter vorbeiflog, war es recht erstaunlich, zu sehen, wie der Riesenkerl mit funkelnden Augen über das Geländer setzte und leichtfüßig über die Felsen in den Abgrund sprang, um das flüchtige Tierchen zu fangen."

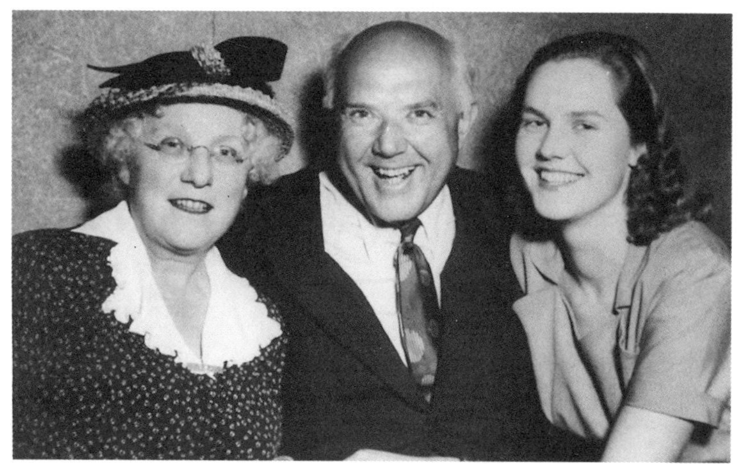

Mit Ehefrau Annie und Tochter Freya, Ende 1940er Jahre

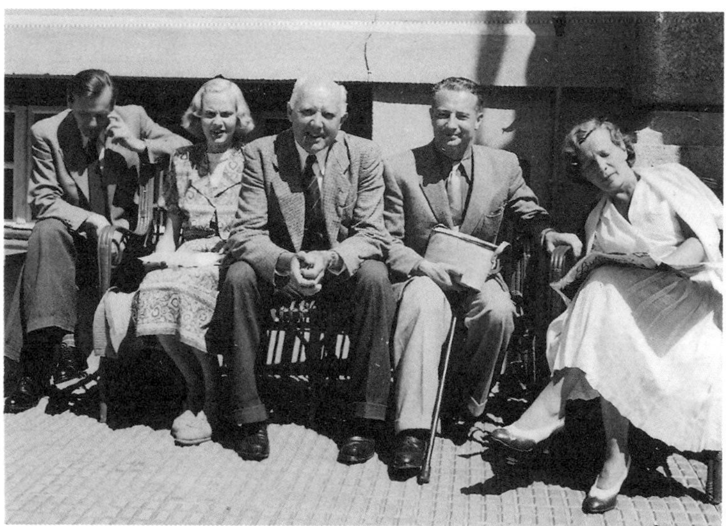

Links Giesekings Tochter Jutta mit ihrem Ehemann Imre Hajmassy, rechts der Cellist Pierre Fournier mit Frau Lyda, Anfang 1950er Jahre

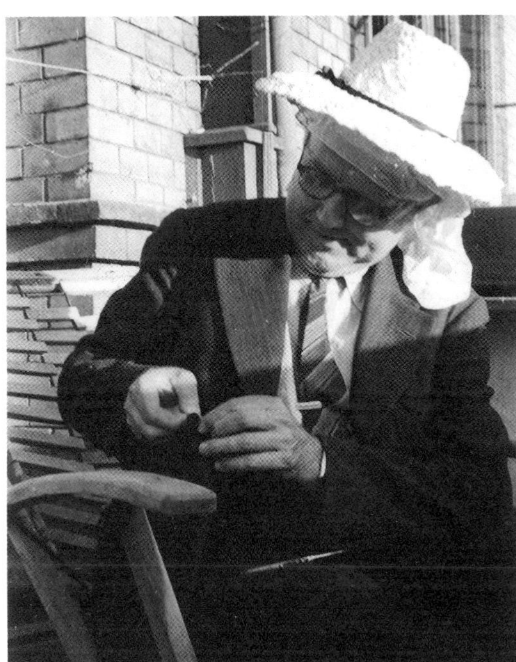

Schmetterlinge jagend und präparierend, Caracas 1954

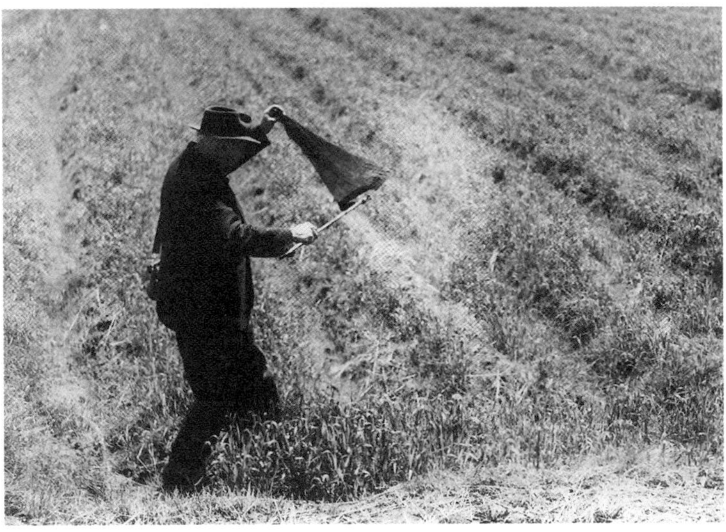

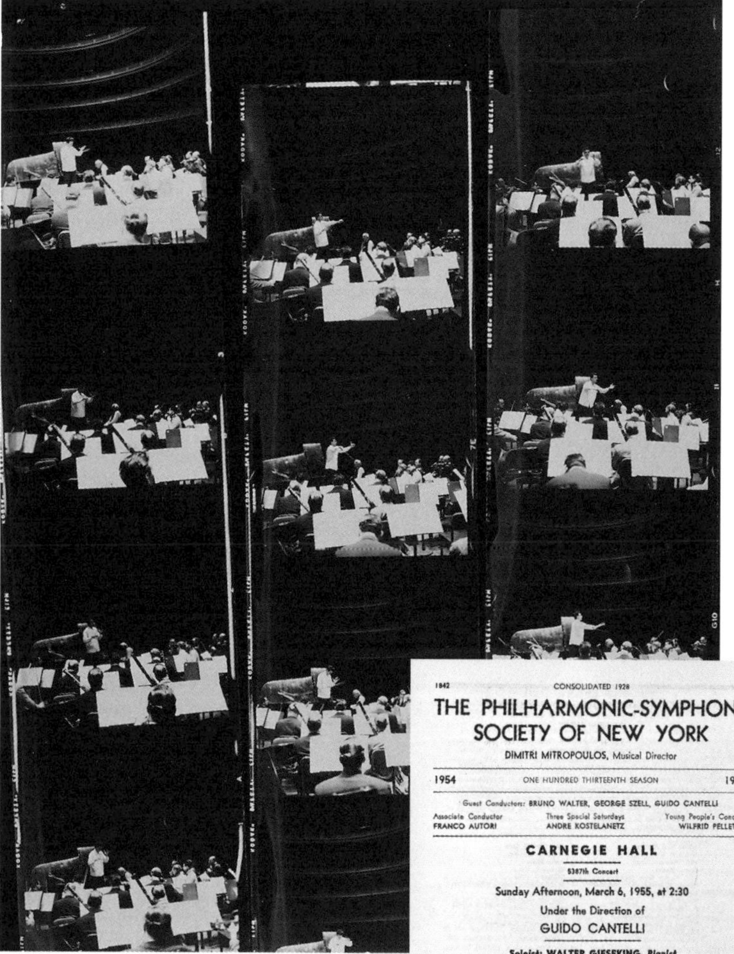

1842 CONSOLIDATED 1928 1878

THE PHILHARMONIC-SYMPHONY SOCIETY OF NEW YORK

DIMITRI MITROPOULOS, Musical Director

1954 ONE HUNDRED THIRTEENTH SEASON 1955

Guest Conductors: BRUNO WALTER, GEORGE SZELL, GUIDO CANTELLI

Associate Conductor	Three Special Saturdays	Young People's Concerts
FRANCO AUTORI	ANDRE KOSTELANETZ	WILFRID PELLETIER

CARNEGIE HALL

5387th Concert

Sunday Afternoon, March 6, 1955, at 2:30

Under the Direction of

GUIDO CANTELLI

Soloist:* WALTER GIESEKING, *Pianist

HAYDN — Symphony No. 93, D major

I. Adagio; Allegro
II. Andante
III. Menuetto: Allegro
IV. Finale: Allegro spiritoso

*MOZART — Concerto for Piano and Orchestra, No. 21, C major, K. 467

I. Allegro maestoso
II. Andante
III. Allegro vivace assai

WALTER GIESEKING

Intermission

RAVEL — Pavane pour une Infante défunte

*DE FALLA — Three Dances from "The Three-Cornered Hat"

The Neighbors — The Miller's Dance — Final Dance

Mr. Gieseking uses the Baldwin Piano

ARTHUR JUDSON, BRUNO ZIRATO, Managers
George E. Judd, Jr., Assistant Manager
THE STEINWAY is the Official Piano of The Philharmonic-Symphony Society
*Recorded by the Philharmonic-Symphony Orchestra
COLUMBIA RECORDS

Einige Italiener
(Mario Castelnuovo-Tedesco, Alfredo Casella, Goffredo Petrassi, Giorgio Vigolo, Alberto Savinio)

Für Mario Castelnuovo-Tedescos Klaviermusik hatte Gieseking eine auffallende Vorliebe, spielte sie zu repräsentativen Gelegenheiten. Zur *musica nuova* allerdings zählte die Musik des Florentiners zu keiner Zeit: *Piedigrotta 1924: Rapsodia Napoletana* ist eine geschickte (und etwas ausgedehnte) Transkription neapolitanischer Lieder und Tänze, die Gieseking 1925 in Berlin uraufführte. Auf deren Italianità bezog sich Adorno, als er 1927 beim Frankfurter IGNM-Fest nach Giesekings Aufführung der *Tänze des Königs David* seinen Verriss des Stücks mit dem Satz begann: „Die Danze del Re David … haben es diesmal nicht mit Italien, sondern mit Palästina zu tun." Im Jahr zuvor hatte Gieseking in seinem ersten Carnegie Hall-Konzert Castelnuovos Bravourwalzer *Alt-Wien* im Programm, 1928 beschloss er sein New Yorker Konzert mit den *Cipressi,* die er auch wieder für das gecancelte Konzert 1949 programmiert hatte.

Die Beziehung zwischen Komponist und Pianist wurde temporär ausgesetzt, nachdem sich die italienischen Faschisten die NS-Rassegesetze zu eigen gemacht hatten, Castelnuovo 1939 seine Heimat Richtung Hollywood verließ und Gieseking dessen Stücke aus seinen Programmen nahm.

Von Jascha Heifetz protegiert, wurde der Emigrant von Metro-Goldwyn-Mayer in Dienst genommenen, schrieb an die 200 Filmmusiken und unterwies so berühmt gewordene Musiker wie Henry Mancini, André Previn und John Williams im Komponieren für den Film, war aber auch erfolgreich mit seinen Arbeiten für Konzertsaal und Bühne. Dass die von Komponist und Pianist erwünschte Wiederannäherung nach dem Krieg glückte, zeigt Castelnuovos Aufnahme von Gieseking in den Kreis jener Zelebritäten, denen er klingende „Greeting cards" widmete: Miniaturen, in die er die Namen der Adressaten hineingeheimniste. Die Grußkarte an Gieseking heißt *Mirages* – eine Kombination von *Miroirs* und *Images*: Titel der von Gieseking häufig gespielten Debussy- und Ravel-Zyklen. Lange nach Castelnuovo-Tedescos Tod (Beverly Hills, 1968) erschien seine Autobiographie *A life in music: a book of memories.* Ein Kapitel ist Walter Gieseking, dem „maßgeblichen Interpreten meiner Klaviermusik" gewidmet und ein erstaunliches, bewegendes Portrait und Freundschaftsdokument. Castelnuovo schildert den Besuch (1925) des „teutonischen Giganten" in seinem Florentiner Haus, der sogleich nach seiner jüngsten Klaviermusik fragt. Castelnuovo zeigt ihm das Manuskript von *Piedigrotta,* der Neapolitanischen Rhapsodie. „Er sagte, er fände es schwer, Manuskripte vom Blatt zu spielen (meine sind besonders unleserlich) und entschuldigte sich im Voraus für falsche Töne – woraufhin er sich mit unglaublichem Ungestüm und halsbrecherischer Geschwindigkeit in die Rhapsodie stürzte (die mit einer überaus schweren Tarantella beginnt), ohne dass er bis zum Schluss einen Ton ausließ oder verfehlte. Wir standen alle offenen Mundes da: nie zuvor hatten wir ein solch schnelles und unfehlbares Blattspiel erlebt! Bescheiden fragte er mich, ob er beim kommenden Recital – drei Tage später! – nicht doch lieber *Piedigrotta* anstelle von *Alt-Wien* spielen solle. ‚Hören Sie, Gieseking,' antwortete ich, ‚ich zweifle nicht, dass Sie – und nur Sie – das schaffen. Aber Sie besuchen zum ersten mal Florenz – glauben Sie nicht, es wäre besser, sie wanderten ein wenig umher und schauten sich die Schönheiten meiner Heimatstadt an, anstatt mein Stück zu lernen?' Er stimmte mir nur halbherzig zu, aber versprach dennoch, *Piedigrotta* am folgenden Montag in Berlin zu spielen – und so geschah es!"

Gieseking führte alle wichtigen Klavierwerke des Italieners auf, der ihm seine gewichtige Sonate von 1928 widmete. Es entwickelte sich ein Freundschaft, die durch den braunen Terror gefährdet, aber nicht zerstört wurde: „Dann kam Hitler, die Nazi-Ideologie und die antisemitische Verfolgung; und Gieseking hörte – getreu der Parteilinie – auf, ‚jüdische Musik' zu spielen, meine natürlich eingeschlossen. Mir tat das leid, aber ich wollte darüber nicht streiten und brach alle Verbindungen ab. Nur im Jahr 1937, nachdem ich eine Reihe neuer Klavierstücke veröffentlicht hatte, schickte ich ihm einen kurzen Brief, in dem ungefähr stand: ‚Ich weiß, dass Du nie wieder meine Musik spielen wirst, und ich weiß genau, warum. Nichtsdestoweniger – Du hast sie so gut und so oft gespielt, dass ich Dir doch meine letzten Klavierstücke zur Kenntnis geben wollte.' Ich dachte, er würde nicht antworten, aber ein paar Tage später erhielt ich folgende Mitteilung: ‚Mein lieber Mario, als der Postbote mir Deine jüngsten Stücke überbrachte, war ich gerade dabei, zu meinem eigenen Vergnügen deine drei Hebräischen Choräle [*3 Corali su melodie ebraiche*] durchzuspielen, die ich einfach großartig finde.' Das war ein Akt der Aufrichtigkeit und des Mutes, weil Briefe damals in Deutschland zensiert wurden und Gieseking dadurch in ernsthafte Schwierigkeiten hätte kommen können. Ich musste lange darüber nachdenken. Nach dem Krieg, als Gieseking der ‚Kollaboration' angeklagt und kritisiert wurde, weil er Deutschland nicht verlassen hatte, man ihn sogar am Betreten der USA hinderte, weigerte ich mich, in diese Anklagen einzustimmen. Ich weiß, wie schwer es ist, seine Heimat zu verlassen! Ich schrieb sogar an eine Zeitung in Los Angeles, aber mein Brief wurde nicht veröffentlicht."

25 Jahre nach ihrer letzten Begegnung trafen sie einander in Los Angeles wieder, verbrachten einen makellosen Sonnentag miteinander und „führten ein langes Gespräch, bei dem wir uns wechselseitig eine Menge zu erklären hatten… Er blieb bis in die Nacht, um all meine neueste Klaviermusik durchzulesen, die er noch nicht kannte. Ich war glücklich, Gieseking wiedergefunden zu haben."

Auch der weltläufige, einflussreiche Alleskönner Alfredo Casella gehörte zu Giesekings zeitgenössischen Favoriten, und die beiden hatten offensichtlich mehr als kollegialen Kontakt. Bei seinem Carnegie Hall-Debut spielte er – nach Castelnuovos *Alt-Wien* – Casellas *Sonatine*, ein Stück bitonal geschärften Klassizismus, mit virtuosen

Blendraketen im dritten Satz. (Es gibt einen Mitschnitt von 1947). Ebenfalls 1926 trat er mit Casellas *Partita* für Klavier und Orchester beim Züricher IGNM-Fest auf, die man sich – mit Gieseking und dem Sinfonieorchester des Hessischen Rundfunks unter Kurt Schröder – in einer Aufnahme von 1950 anhören kann. (Beim selben Musikfest sprang Gieseking für den erkrankten Kollegen Friedrich Wührer ein, als er die 4. Klaviersonate des Russen Nikolaj Mjaskowsky in zwei Tagen einstudierte und aufführte.) Auch Casellas *Scarlattiana* – ein Klavierkonzert über mehr als achtzig Themen aus Scarlatti-Sonaten – nahm er 1926 ins Repertoire. Ob er von dem Eklat, der sich mit diesem eher unterhaltsamen Stück verbindet, Notiz genommen hat, ist nicht überliefert: Casella flankierte seine Komposition mit einem Manifest in den Wiener *Musikblättern des Anbruch*, in dem er seine Sympathie mit dem Faschismus bekundete – die er freilich mit allen Komponisten der *generazione dell'ottanta* (darunter Pizzetti, Respighi, Malipiero) teilte. Schönberg, Adorno und Krenek schrieben heftige Erwiderungen.

1932 widmete Casella Gieseking die *Due Ricercari sul nome BACH*, 1936 nahm Gieseking Casellas *Sinfonia, Arioso e Toccata* ins Repertoire.

Zu den Meilensteinen der italienischen Musikgeschichte gehört auch Giesekings römische Uraufführung von Goffredo Petrassis Klavierkonzert 1939 – im Jahr des „Stahlpaktes“ zwischen Italien und dem Deutschen Reich wurden derlei Kunst-Kollaborationen gerne gesehen. Petrassi fand – wie Dallapiccola – kompositorische Wege, sich vom Faschismus loszusagen; ebenso Casella – dies aber erst, nachdem er feststellen musste, in welcher Gefahr seine französisch-jüdische Ehefrau Yvonne Muller schwebte.

Der Römer Giorgio Vigolo war Schriftsteller, Poet (mit einer Vorliebe für Hölderlin, den er übersetzte) und Musikwissenschaftler, nach dem Krieg auch prominenter Musikkritiker. Wie so viele staunte er kindlich über das Missverhältnis zwischen der Statur des Pianisten und der Zartheit der von ihm erzeugten Klänge: „Wie schaffte es dieser Gigant, diese aus starken Muskeln bestehende Maschine nur, zu einem Hauch, einer Feder zu werden, sich im Angesicht der Tasten zu verwandeln und in der Musik immer diesen Zustand der Askese und der Leichtigkeit, die wunderbare Schlichtheit des Tons wiederzufinden…"

Ein Gieseking-Verehrer war auch Alberto Savinio, der sich als Komponist (Max Reger-Schüler), Pianist und Autor betätigte, bevor er, wie sein berühmter Bruder Giorgio de Chirico, auch noch Maler wurde. Seine Mythisierung Giesekings im Buch *Scatola sonora* (Musikbox) ist besonders einprägsam: „Gieseking è un centauro"… „Seine andere Hälfte ist das Klavier […]. Wenn Gieseking stirbt, was sehr spät sein wird, wird wahrscheinlich auch sein Klavier sterben. Und auch die anderen Klaviere, alle Klaviere, die unter den Sternen dieses oder des anderen Pols verstreut sind, senken einige ihrer schwarzen Tasten in einem klagenden Akkord."

Savinios Prophetie vom „sehr späten Tod" erfüllte sich nicht.

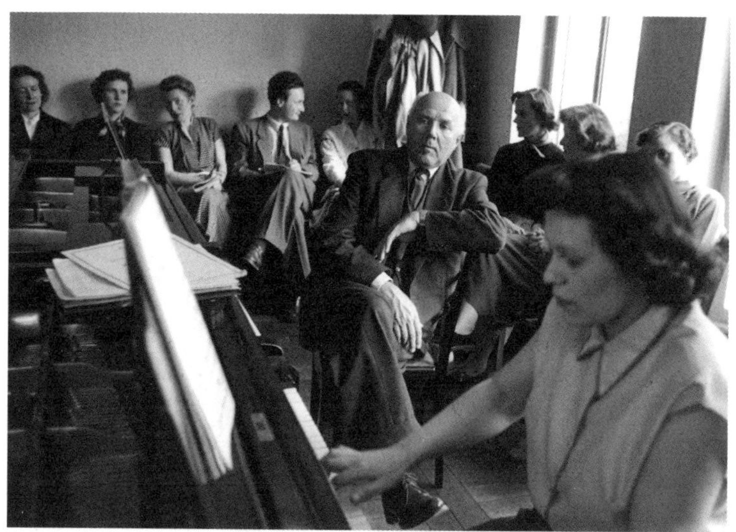

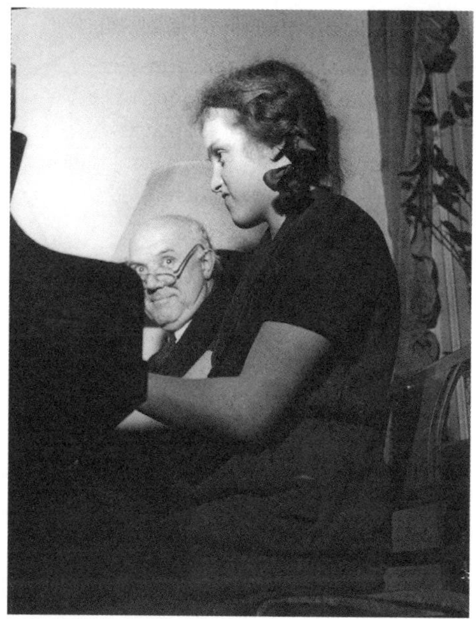

Unterricht (oben an der Hochschule für Musik Saarbrücken), 1950er Jahre

Giesekingiana

Der Blick auf Walter Gieseking verführt dazu, ein auf den Komponisten Wolfgang Rihm angewendetes Motto der Salzburger Festspiele 2010 zu plagiieren und vom „Kontinent Gieseking“ zu sprechen – bei beiden stellt sich sofort die Doppel-Assoziation von körperlicher Stattlichkeit und übermäßigem „Output“ ein, zudem die Vorstellung vom Entdecker, der den Kontinent erforscht und dabei auf manches Neue und Entlegene stößt. Gieseking ist nicht leicht zu erforschen: Man kommt ihm kaum ganz nah, weil man sich in seine mysteriösen Gaben und ihre Auswirkung auf die Gesamtpersönlichkeit „nicht wirklich“ hineindenken kann. Wie funktionierte dieser Lern-Blick auf Noten- und Partiturseiten und diese intuitive Intelligenz, die nicht mit intellektueller Erarbeitung zu verwechseln ist? Ging er einher auch mit schnellen werkanalytischen Einsichten? Prägte er sich Modulationspläne von Beethoven-Durchführungen ein oder spielte die Erkenntnis von Nonenakkord-Sequenzen und bitonaler Strukturen bei Debussy–Ravel irgendeine Rolle beim Lernen? (Gieseking schreibt über Debussy und Ravel ohne einen *terminus technicus* aus der Harmonie- oder Formenlehre: Debussy ist vor allem „restlos schön klingend und absolut vollendet komponiert“, und Ravel löst bei ihm vornehmlich das Bedürfnis aus, „schönklingend Klavier zu spielen.“) Wie viel von seiner „phänomenalen Musikalität“ – um doch noch einmal Krenek zu zitieren – war „unterbewusster Wesenszug“?

Und: Funktionierten diese zerebralen Gaben wirklich nur bei Musik oder auch bei literarischen Texten, Zahlen und Alltags-Ereignissen, von denen man weiß, dass Eidetiker sich der Erinnerungen daran kaum entledigen können, auch wenn sie es wollen? Manche behalten jeden Satz, den sie lesen und wissen für immer, auf welcher Buchseite er vorkommt. Können sie sich gegen derlei untilgbare Wort-Akkumulationen wehren, indem sie wenig oder nicht lesen? Man fragt sich auch, ob in diesen außergewöhnlichen Hirnen synästhetische Verschaltungen eher häufig oder seltener vorkommen. Es fällt auf, dass bei Gieseking, sowohl in seinen Erinnerungen als auch den Aufsätzen, nie die Rede von Literatur oder bildender Kunst ist und er nie Analogien zu den anderen Künsten bemüht. Seine eigenen Texte sind sachlich und sachdienlich – ohne besonderen stilistischen Ehrgeiz.

Besonders lebhaft und persönlich werden die Jugenderinnerungen, wenn er von den Expeditionen mit seinem Vater erzählt, vom Jagen und Fangen mediterraner und alpiner Schmetterlinge, von der entomologischen Verewigung seines Namens durch die Benennung zweier Arten: *Giesekingiana* und *Walteri.* Seine stattliche Sammlung ging nach seinem plötzlichen Tod an das Museum Wiesbaden. Diese ernsthafte wissenschaftliche Neigung erinnert stark an die Fauna-Vorlieben zweier Schriftsteller: von Wladimir Nabokov, der seine Schmetterlings-Leidenschaft ebenfalls vom Vater erbte und zwanzig Arten entdeckte, beschrieb und nach sich benannte und des umstrittenen Ernst Jünger, nach dem sogar ein „Preis für Entomologie" benannt ist.

Wie Schnabel, Kempff und Erdmann hat Gieseking auch komponiert, aber weniger ambitioniert und kleinformatiger als die Kollegen. Es ist durchweg nicht-orchestrale Gelegenheitsmusik ohne neutönerische Ambitionen (wie bei Schnabel und Erdmann), aber mit eigenem Ton: Flötisten spielen gerne seine Sonatine und die (wenigen) Formationen mit Klavier und vier Bläsern stellen fest, dass sich sein B-Dur-Quintett in der Nachbarschaft der Mozart- und Beethoven-Quintette gut behaupten kann. Klavierduos könnten sich mit Gewinn dem vierhändigen und viersätzigen Divertimento widmen. All diese Stücke zeigen, dass Gieseking auch beim kreativen Umgang mit Musik aus französischen Quellen schöpft – früher Debussy und Poulenc, auch Koechlin oder Florent Schmitt klingen an. Die Variationen für Flöte (oder Violine) und Klavier über ein Thema von Grieg sind ein ausgewachsener Zyklus von Charakterstücken, in denen Gieseking den Klavierpart reich bedenkt – was natürlich noch mehr für die bei einer Ozeanüberquerung Richtung New York entstandene *Chaconne über ein Thema von Scarlatti* gilt: so raffiniert und auftrumpfend hätte auch Rachmaninow mit dem bescheidenen d-Moll-Thema umgehen können. Die *Drei Tanzimprovisationen* – mit den Ecksätzen Foxtrot und Charleston – sind ein Produkt der *Roaring Twenties* und zeigen, wie viel Vergnügen ihm Schulhoffs Jazz-Stücke bereitet haben müssen.

Es bietet sich die Gelegenheit, des kultivierten Schriftstellers, Diplomaten, Radio-Moderators François-Régis Bastide zu gedenken, den die Franzosen als 19jährigen(!) Besatzungsoffizier nach Saarbrücken schickten, um das darniederliegende saarländische Kulturleben zu reanimieren. Da er auch noch musikalisch begabt und interessiert ist, wird er Musikchef des jungen Radio Saarbrücken, stampft ein Rundfunkorchester aus dem Boden und macht sich dann auch noch an die Gründung eines saarländischen Musik-Konservatoriums (nach dem Vorbild des berühmten Pariser *Conservatoire Supérieur de Musique),* aus dem später die Musikhochschule wird. Da die *Propagande culturelle* mit zu den Aufgaben des Kultur-Lieutenant gehört, hält er Ausschau nach frankophilen Lehrkräften und denkt sogleich an Walter Gieseking, der, nach komplizierter diplomatischer Untergrundarbeit, im Jahre 1947 Professor und Gründungsmitglied des *Conservatoire de Sarrebruck* wird. Immer wieder stößt man auf die Namen mehr oder weniger bekannter Pianisten, die sich in ihren Biographien als seine Schüler oder Teilnehmer seiner Meisterklassen bezeichnen, darunter Jörg Demus und Werner Haas. Der Stuttgarter Haas, der 1976, als 45jähriger, in der Nähe von Nancy bei einem Autounfall starb, war ein herausragender Pianist, der, weil er Debussy und Ravel *intégral* für Philips France einspielte, vor allem von den Franzosen als *le successeur de Gieseking* gefeiert wurde. Und weil er auch noch – was Gieseking sehr gefallen hätte –, die Tschaikowsky- und Gershwin-Kompositionen für Klavier und Orchester aufgenommen hat, wurde er in seiner Heimat etwas reservierter wahrgenommen, als er es verdiente – obwohl er auch Bach, Beethoven und Schumann meisterlich spielte.

Gieseking scheint viele amerikanische Schüler gehabt zu haben, darunter die später namhaften Stewart L. Gordon und Dean Elder, die auch über ihn publizierten. Elder, der 2018 im Alter von 98 starb, hat die Anekdoten-Kollektion um Gieseking um einige Erzählungen erweitert, darunter die folgende, nicht mehr ganz so überraschende: Als seine Frau Carolyn, die ebenfalls bei Gieseking studierte, im Meisterklassen-Unterricht das Klavierkonzert von Gian Carlo Menotti vortrug, übernahm Gieseking, der das Stück aus dem Jahr 1945 nicht kannte, auf dem zweiten Flügel den Klavierauszug des Orchesterparts. Für den zweiten Durchlauf legte er die Noten beiseite – er brauchte sie ja nun nicht mehr.

Aus den USA gibt es auch eine bemerkenswerte poetische Rückmeldung auf sein Spiel: Marianne Moore, eine bedeutende und entsprechend geehrte Dichterin, schrieb im Dezember 1943 das in ihrer Heimat berühmt gewordene Gedicht „The mind is an enchanting thing", in dem in der ersten von sechs Strophen der Scarlatti-spielende Gieseking besungen wird (wahrscheinlich eine Reminiszenz an das Carnegie Hall-Konzert 1929). Der Vergleich seines zarten pianistischen Farbenspiels mit der kolorierten „Glasur" eines Laubheuschrecken-Flügels (katydid-wing) dürfte ihm besonders gefallen haben.

The Mind Is an Enchanting Thing
is an enchanted thing
        like the glaze on a
katydid-wing
            subdivided by sun
        till the nettings are legion.
Like Gieseking playing Scarlatti.

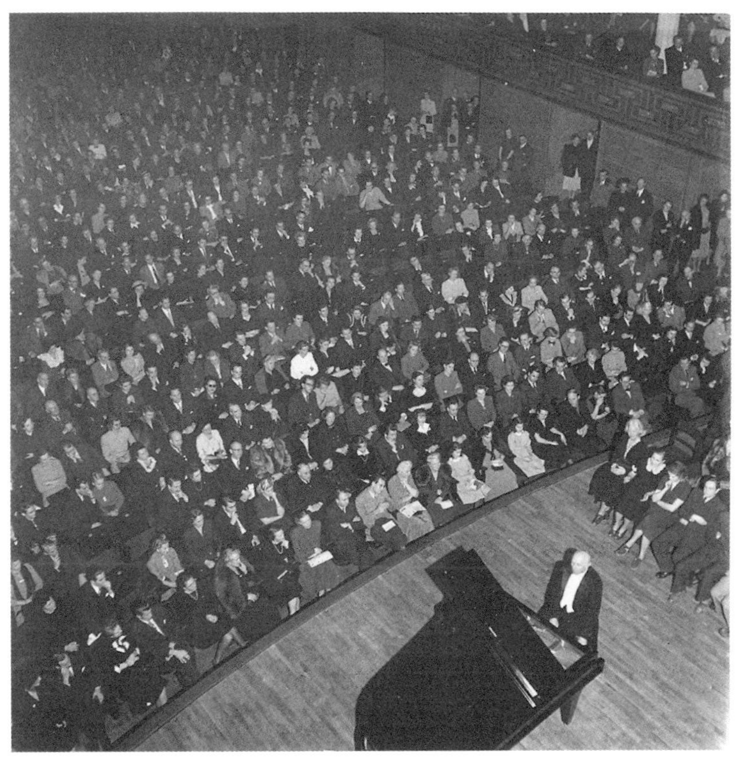

Konserthuset Stockholm, um 1954

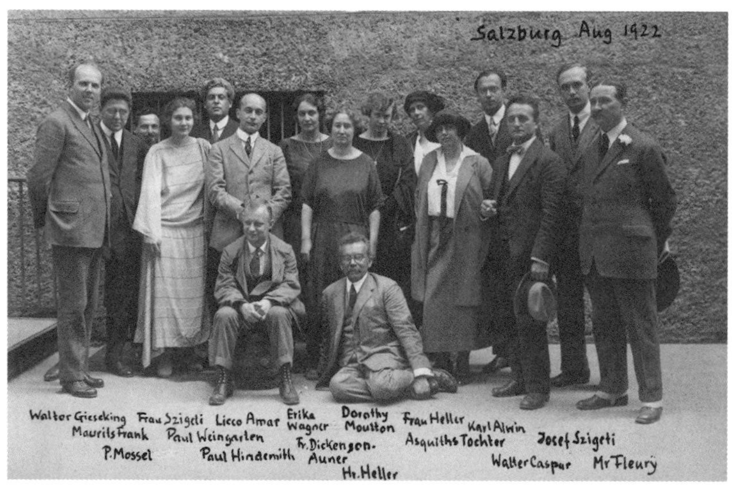

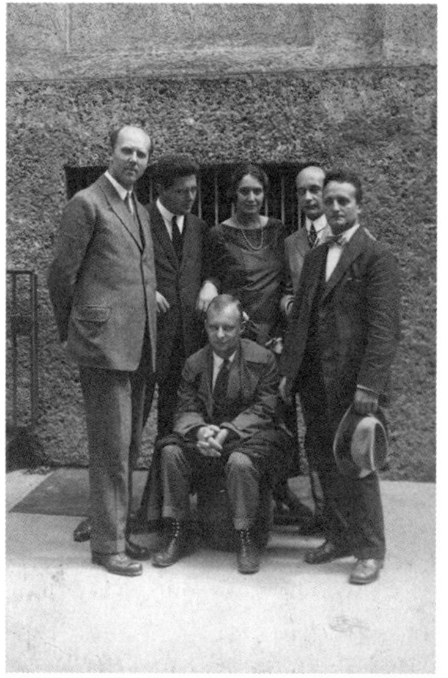

Mit der Sängerin Erika Wagner und dem Amar-Quartett: Maurits Frank, Licco Amar und Walter Caspar, sitzend: Paul Hindemith, Salzburg 1922

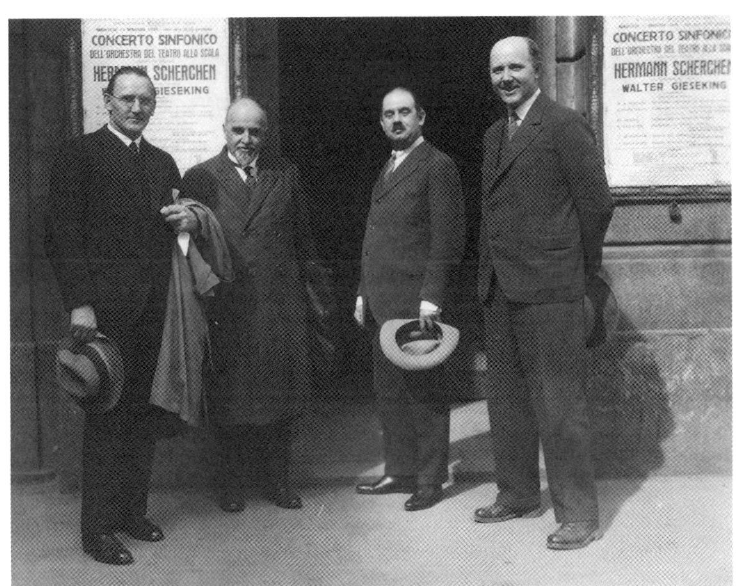

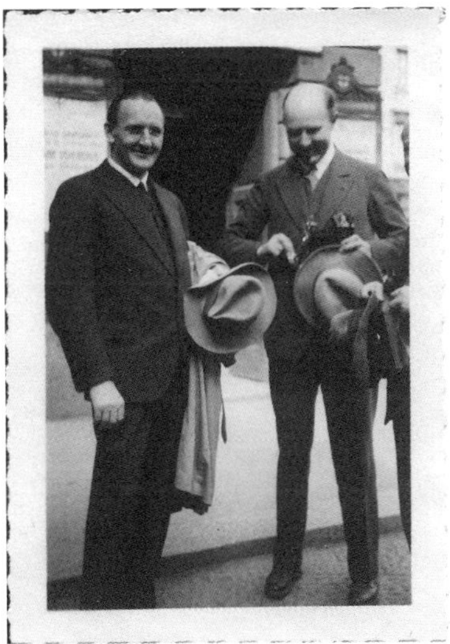

Mit Hermann Scherchen (links außen) vor der Mailänder Scala, um 1930

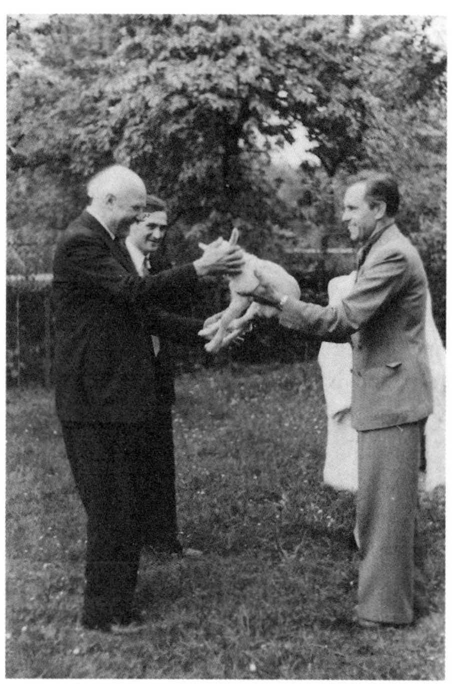

Mit Gerhard Taschner und Ludwig Hoelscher, um 1947

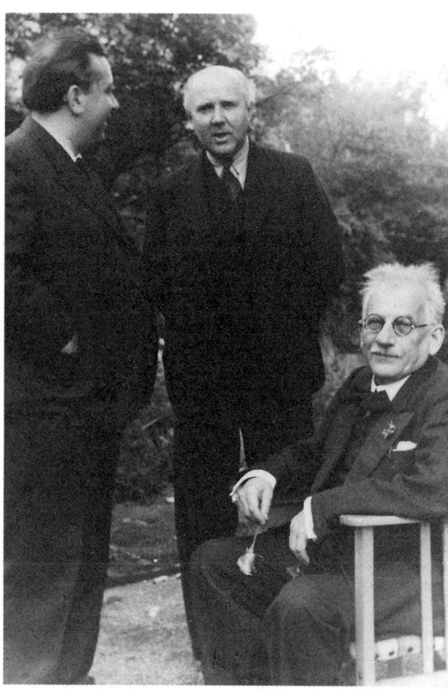

Mit Max Strub und Hans Pfitzner, um 1938

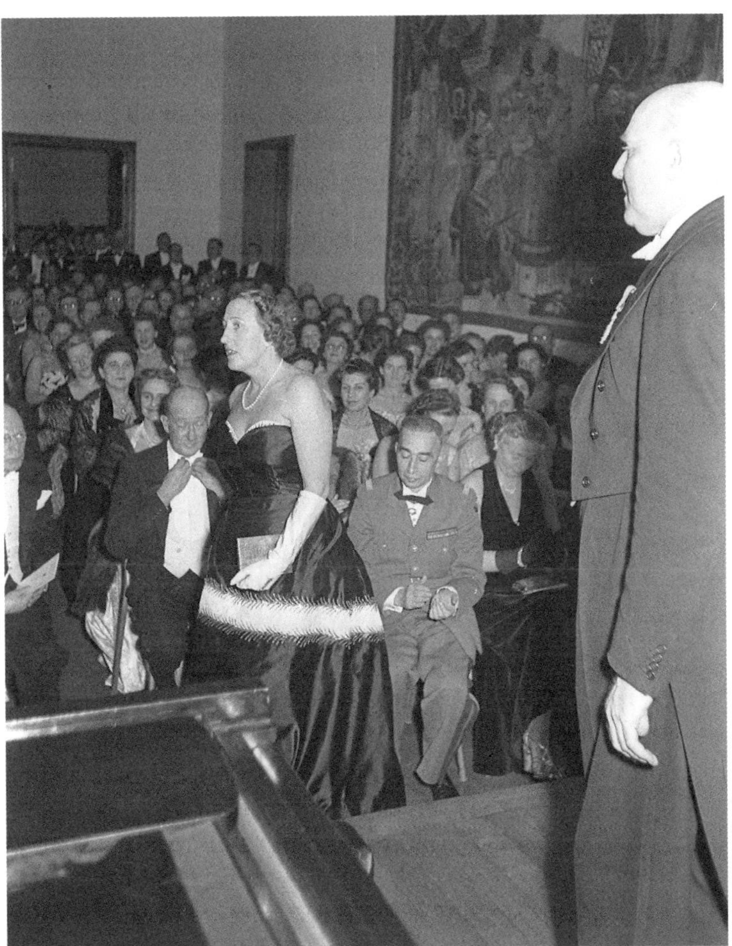

Konzert aus Anlass des saarländischen Verfassungstages im Festsaal des Schlosses Halberg, Saarbrücken, 13. Dezember 1953. In der Bildmitte: Hausherrin und Gastgeberin Mme. Yvonne Granval, Ehefrau des Hohen Kommissars und Botschafters im besetzten Saarland, Gilbert Granval. (Granval [eigentlich Gilbert Hirsch-Ollendorf] war prominentes Mitglied der Résistance und wurde erst nach Kriegsende Diplomat. Schloss Halberg war von 1948 bis 1955 seine Residenz.)

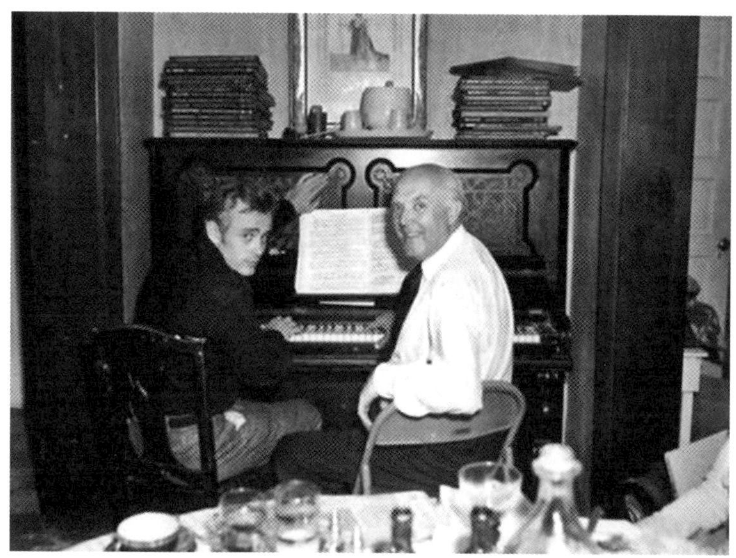

Mit James Dean, wahrscheinlich August 1955 in Los Angeles, wenige Wochen vor Deans Unfalltod

Walter Gieseking

1895 (5. November) geboren in Lyon als einziges Kind von Martha Bethge und Wilhelm Gieseking, einem musikliebenden Arzt und Entomologen
Kinder- und Jugendjahre in Nizza, Turin, Nervi (bei Genua), Bordighera, Chiaia (bei Neapel), Menton und Villefranche-sur-Mer
beginnt als Vierjähriger mit dem Klavierspielen

1910 Übersiedlung ins westfälische Lahde (bei Minden), dem Wohnort der Großeltern väterlicherseits

1911 wird im nahegelegenen Hannover Schüler von Karl Leimer, dem Mitbegründer des Städtischen Konservatoriums

1913 zieht mit der Mutter – der Vater kehrt nach Frankreich zurück – nach Hannover, erhält vier mal wöchentlich Unterricht und wird von Leimer bald der Öffentlichkeit vorgestellt

1915/16 spielt an sechs Abenden alle Beethoven-Sonaten chronologisch
wird im Herbst 1916 zum Kriegsdienst eingezogen und nach der Grundausbildung Militärmusiker (Nebeninstrumente: Violine, Viola)

1918 Rückkehr nach Hannover
wird Klavierlehrer im Hause Bahlsen und von der Konzertdirektion Bernstein unter Vertrag genommen

1919 „Moderner Klavierabend“ in Leipzig mit Werken von Debussy, Korngold, Scott, Busoni

1920 debütiert in Berlin mit zeitgenössischem Programm und so sensationellem Erfolg, dass nach diesem ersten Konzert sechs weitere in dichter Folge anberaumt werden

1921 absolviert fast 140 Konzerte, darunter sein Auslandsdebüt (Zürich)

1922 Tourneen durch Österreich und die skandinavischen Länder
spielt während der Salzburger Festspiele aus Anlass der Gründung der IGNM Werke von Ravel, Busoni, Szymanowski
Erster Auftritt mit Wilhelm Furtwängler (Marx: *Romantisches Konzert*)
Skrjabins *Prometheus* in Kopenhagen
Uraufführung von Hindemiths *Suite 1922* in Hannoveraner

1923 Uraufführung von Pfitzners Klavierkonzert in Dresden mit Fritz Busch
Ehrenmitglied des „Circolo di arte e di alta culture“ in Mailand
Tournee durch die Niederlande
Debüts in London und Budapest

1924 Beginn des Duo-Spielens mit Eduard Erdmann (letzter Auftritt 1944)
In London erstes Rundfunk-Livekonzert.
Debüt in Edinburgh
Uraufführung der Klavierkonzerte von August Reuss und Walter Braunfels

1925 Hochzeit der Eltern (30. März); einen Tag später (1. April) Hochzeit mit Annie Haake

1926 Debüt in New York; Auftritte mit den berühmten amerikanischen Orchestern, darunter die Philharmoniker von Chicago, Philadelphia, Detroit, New York
Konzerte in Italien, der Schweiz
Uraufführung von Ernst Tochs Klavierkonzert

1926/27 Zweite USA-Tournee (50 Konzerte); bis 1939 weitere zehn, jeweils etwa dreimonatige USA-Konzertreisen

1927 Geburt der Tochter Jutta
Italien-Tournee
Uraufführung von Manfred Gurlitts Klavierkonzert

1928 Paris-Debüt (Beethovens G-Dur-Konzert und Casellas *Partita* mit Ernest Ansermet)

1929 Erstes Recital in Paris, Théâtre des Champs-Elysées (Bach, Beethoven, Schumann, Scarlatti, Debussy-Préludes I)

1930 Paris, Salle Pleyel: Drei Beethoven-Konzerte (I, IV, V) mit Bruno Walter

1931 Geburt der Tochter Freya
Uraufführung des Klavierkonzerts *Castelli Romani* von Joseph Marx mit Karl Böhm
Konzerte in London, Paris, Amsterdam, Luxemburg

1932 Rundfunk-Livekonzerte in und aus Liverpool, Hilversum, Genf, Beromünster, Paris, Zürich
Konzert mit Bronisław Huberman in Hannover

1933 erfährt von der Ernennung Hitlers zum Reichskanzler zwischen zwei Auftritten in New York
Konzerte in Brüssel, Paris, London
Konzert zugunsten des WHV (Winterhilfswerk des Deutschen Volkes)
Uraufführung des 3. Klavierkonzerts von Albert Moeschinger

1934 Vereinzelte politische Proteste gegen ihn während der USA-Tournee, Lecture-Recitals in New York gemeinsam mit Olin Downes
Die Familie Gieseking übersiedelt nach Wiesbaden

1935 Erste Eingriffe in sein Repertoire durch die Reichskulturkammer
Uraufführung des Klavierkonzerts von Max Trapp
Konzerte in Mexiko

1936 Uraufführung des 1. Klavierkonzerts von Frank Martin
Anlässlich von Franz Liszts 125. Geburtstag dessen Es-Dur-Konzert in Amsterdam, Hamburg, Frankfurt, Berlin (während der Olympiade)
Aufnahmen für German Columbia

1938 Tourneen: Niederlande, Österreich, Italien (Venedig, Florenz, Rom, Genua)
Auftritt mit Joseph Marx' *Castelli Romani* während der Düsseldorfer „Reichsmusiktage“

1939 New York: Rachmaninows d-Moll-Konzert mit Sir John Barbirolli
Uraufführung von Casellas *Sinfonia, Ariosa e Toccata* und Petrassis Klavierkonzert
Aufnahmen für Columbia Records

1940 Bereits programmierte USA-Tournee wegen des Krieges abgesagt
Debüt in Rumänien
Konzerte in der Schweiz, den Niederlanden, Österreich

1941 Rachmaninows c-Moll-Konzert mit Karajan
Uraufführung von Pfitzners Klavierstücken op. 47 (Gieseking gewidmet)

1942 Zunehmende Konzert-Frequenz in der Schweiz: in Zürich drei Konzerte an einem Abend (Beethoven C-Dur, Mozart KV 482, Rachmaninow d-Moll)

1943 spielt im besetzten Belgien (Antwerpen: Brahms' d-Moll-Konzert; Brüssel: Brahms' B-Dur-Konzert)
spielt im besetzten Paris
Ferienkurs in Braunwald (Schweiz)

1944 spielt im besetzten Paris (Salle Pleyel)
Debüt in der Türkei (Istanbul, Ankara)
Konzerte in Genf, Oslo, Stockholm, Budapest, in Spanien und Portugal
Zweiter Ferienkurs in Braunwald
Im August vier Konzerte mit dem Zürcher Tonhalle-Orchester

1945 Schweiz-Tournee
Tod des Vaters in Wiesbaden (4. Februar), das am 28. März von der US Army eingenommen wird
gibt zahlreiche Konzerte in der amerikanischen Zone (u. a. für verwundete Soldaten)
wird auf die „blacklist“ der US Occupation Forces gesetzt

1946 Überprüfung seiner Aktivitäten während des „Dritten Reichs“: Streichung von der „blacklist“
Zahlreiche Auftritte in den Besatzungszonen, in Frankreich, Italien und der Schweiz – darunter viele Wohltätigkeitskonzerte

1947 Triumphaler erster Nachkriegs-Aufritt in Paris
Professur am Konservatorium Saarbrücken

1948 Zwei weitere gefeierte Paris-Auftritte, einer zugunsten des British Hospital
Südamerika-Tournee

1949 reist wegen der Proteste gegen seinen Auftritt in der Carnegie Hall von New York nach Europa zurück, „without playing a note in public“

1950 Aufnahme eines Großteils von J. S. Bachs Klaviermusik (Saarländischer Rundfunk)

1951 Beginn der Aufnahmen für die EMI (fünf Klavierkonzerte mit Karajan)
Japan-Tournee (mit Auftritt vor der kaiserlichen Familie)

1952 Weltreise (Australien, Indonesien, Honolulu, Kanada, USA, Südamerika)
wird zum Ritter der französischen Ehrenlegion ernannt

1953 Zweiter, bejubelter Neustart seiner USA-Nachkriegskarriere in New York

1953/54 Gesamtaufnahme von Mozarts Klaviermusik

1955 Verkehrsunfall auf dem Weg zu einer Italien-Tournee – seine Frau stirbt, er wird schwer verletzt

1956 (26. Oktober) stirbt während der Aufnahmen der Beethoven-Sonaten nach einer Notoperation in einem Londoner Krankenhaus.

In Hannover, Saarbrücken, Wiesbaden und Petershagen-Lahde erinnern Walter Gieseking-Straßen an den Pianisten (in Lahde außerdem eine Gedenktafel am ehemaligen Haus der Großeltern). Die Musikhochschule des Saarlandes veranstaltet seit 1981 alle zwei Jahre den Walter Gieseking-Wettbewerb in den Disziplinen Klavier und Kammermusik.

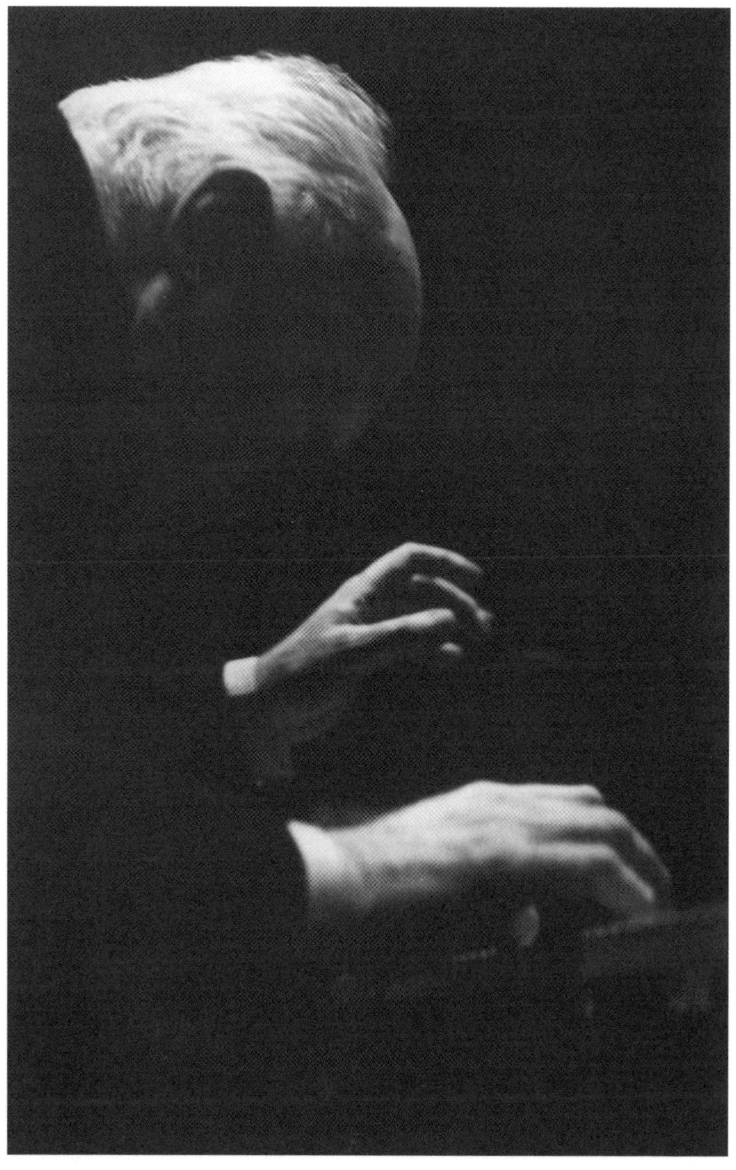

Literaturhinweise

Theodor W. Adorno: Musikalische Schriften VI, Frankfurt a.M. 1984
Claudio Arrau: Leben mit der Musik, München 1987
Alexander Berrsche: Trösterin Musika, München 1936
Ricarda Braumandl: Karl Leimer und Walter Gieseking als Klavierpädagogen, Frankfurt a.M. 2006
Alejo Carpentier: Le Sacre du printemps, Frankfurt a.M. 1996
Mario Castelnuovo-Tedesco: Una vita di musica, Florenz 2005
Marian Filar: From Buchenwald to Carnegie Hall, Mississippi 2002
Hubert Giesen: Am Flügel, Frankfurt a.M. 1972
Walter Gieseking: So wurde ich Pianist, Wiesbaden 1963
Herbert Haffner: Wilhelm Furtwängler. Im Brennpunkt von Macht und Musik, Hofheim 2020
Klaus Harpprecht: Thomas Mann, Berlin 1995
Josef Häusler: Spiegel der Neuen Musik, Stuttgart 1996
Michael H. Kater: Die missbrauchte Muse, München-Wien 1998
Ernst Klee: Das Kulturlexikon zum Dritten Reich. Wer war was vor und nach 1945, Frankfurt a.M. 2007
Ernst Krenek: Im Atem der Zeit, Hamburg 1998
Walter Legge, Elisabeth Schwarzkopf: Gehörtes–Ungehörtes – Memoiren, München 1982
Karl Leimer: Modernes Klavierspiel nach Leimer-Gieseking, Mainz 1931
Günther Metz: Der Fall Hindemith, Hofheim 2016
Nathan Milstein: „Lassen Sie ihn doch Geige lernen", Mainz 1995
Glenn Plaskin: Horowitz, Mainz 1990
Alfred Polgar: Kleine Schriften I, Hamburg 1982
Fred K. Prieberg: Musik im NS-Staat, Frankfurt a.M. 1982
Arthur Rubinstein: Mein glückliches Leben, Frankfurt a.M. 1980
Wolfgang Sawallisch: Im Interesse der Deutlichkeit, Hamburg 1988
Artur Schnabel, Therese Behr-Schnabel: Ein halbes Jahrhundert Musik. Der Briefwechsel, Hofheim 2016
Heiko Schneider: Wahrhaftigkeit und Fortschritt. Ernst Toch in Deutschland, Mainz 2007

Edward W. Snowdon: Some Notes on „The Gieseking Case“, New York 1948
Josef Tal: Der Sohn des Rabbiners, München 1987
Peter Wapnewski: Mit dem anderen Auge, Berlin 2005
Ferdinand Zehentreiter (Hg.): Komponisten im Exil, Berlin 2008

Abbildungsnachweise

S. 25, 102, Abdruck mit freundlicher Genehmigung der Fondation Hindemith, Blonay (CH)

Alle übrigen Fotos und Dokumente entstammen dem Privatarchiv Hajmassy. Wir danken der Familie für die freundliche Abdruckgenehmigung.

Namenregister

Adorno, Theodor W. 68, 73–75, 77, 91, 94
Altar, Cevad Memduh 83
Amar, Licco 102
Anderszewski, Piotr 15
Andress, Ursula 13
Ansermet, Ernest 18, 30, 109
Argerich, Martha 17
Arrau, Claudio 11, 28, 45, 69
Aster, Misha 41
Atatürk 83

Bach, Johann Sebastian 12, 33f, 43, 45, 61, 66f, 86, 100, 109, 112
Backhaus, Wilhelm 11, 17, 42–44, 47, 50
Baeumler, Alfred 50
Bahlsen, Hans 30
Barbirolli, Sir John 30, 38, 62, 110
Barenboim, Daniel 63
Bartók, Béla 24
Bastide, François-Régis 99
Beecham, Thomas 30
Beethoven, Ludwig van 11f, 15, 19, 21, 30, 33f, 43, 51, 54, 58f, 61–63, 65f, 69f, 74, 97f, 100, 107, 109, 111, 113
Behr-Schnabel, Therese 28
Benn, Gottfried 50
Bernstein, Arthur 30, 45
Bernstein, Hans 45
Bernstein, Konzertdirektion 107
Bernstein, Leonard 45
Berrsche, Alexander 73f, 77
Bethge, Martha 107
Bie, Oscar 14
Bittner, Albert 77
Blacher, Boris 78
Böhm, Karl 30, 43, 109
Bolet, Jorge 78
Borges, Jorge Luis 12
Boult, Adrian 30
Brahms, Johannes 19, 43, 54, 61, 74, 77, 111
Brain, Dennis 70
Brandt, Fritz 18
Braslau, Sophie 37
Braunfels, Walter 21, 108
Brockhaus, Susanne 60
Busch, Fritz 30, 34, 77, 108
Busoni, Ferruccio 21, 28, 33, 66, 69, 108
Byrns, Harold 45f

Cantelli, Guido 66
Carpentier, Alejo 49f
Casals, Pablo 51
Casella, Alfredo 21, 34, 74, 91, 93f, 109
Caspar, Walter 102
Cassadó, Gaspar 57
Castelnuovo-Tedesco, Mario 19, 34, 43, 46, 54, 75, 91–93
Celibidache, Sergiu 30, 81
Céline, Louis-Ferdinand 49–51
Chabrier, Emmanuel 69
Chanel, Coco 50
Chopin, Frédéric 12, 15, 19, 21, 33f
Clark, Delbert 54f
Claudel, Paul 31, 49
Clay, Lucius D. 56
Cluytens, André 30
Cocteau, Jean 50
Copland, Aaron 24, 46
Cortot, Alfred 53, 64

Dallapiccola, Luigi 94
Darré, Jeanne-Marie 22
Dean, James 13, 106
Debussy, Claude 21f, 28, 33f, 44, 54, 58, 61, 65, 68f, 80, 86, 92, 97–99, 108f
Debussy, Emma 22
de Chirico, Giorgio 95
de Falla, Manuel 19, 21, 33, 74

Dehmel, Paula und Richard 65, 75
Demus, Jörg 99
Dohnányi, Ernst von 30
Dorati, Antal 30
Downes, Olin 34, 110
Drieu La Rochelle, Pierre 50

Egk, Werner 80
Elder, Carolyn 100
Elder, Dean 48, 100
Enescu, George 30
Erdmann, Eduard 11, 19, 28, 45, 79, 86, 98, 108

Fauré, Gabriel 54, 69
Fest, Joachim C. 41
Filar, Marian 46
Finke, Fidelio 21
Fischer, Edwin 11, 50, 64f5, 67, 73
Flagstad, Kirsten 65
Fortner, Wolfgang 70, 72, 80
Fournier, Pierre u. Lyda 88
Franck, César 19, 61, 68
François, Samson 68
Frank, Maurits 102
Frey, Walter 79
Friedman, Ignaz 40
Furtwängler, Wilhelm 30, 34, 44f, 48f, 51, 56, 65, 77, 108

Gebhardt, Ferry 45
Gershwin, George 24, 37, 50, 100
Geyer, Stefi 19
Gieseking, Annie 59f, 83f, 88
Gieseking, Freya 88, 109
Gieseking, Jutta 88, 109
Gieseking, Wilhelm 107
Giesen, Hubert 13f
Gilels, Emil 47
Goebbels, Joseph 43, 86
Goossens, Eugene 33
Gordon, Stewart L. 100
Granval, Gilbert u. Yvonne 105
Grieg, Edvard 19, 61, 99
Grundeis, Sigfrid 40, 47
Gurlitt, Manfred 21, 109

Haake, Annie 109
Haas, Werner 99
Habe, Hans 56
Hajmassy, Imre 88
Hajmassy, Jutta s. Gieseking
Hamsun, Knut 50
Hansen, Conrad 45
Haskil, Clara 15, 64
Hauptmann, Gerhard 50
Heidegger, Martin 50
Heifetz, Jascha 47, 91
Hess, Myra 50
Himmler, Heinrich 54
Hindemith, Paul 21, 23, 25, 33f, 42, 44, 61, 73, 79, 82–84, 86, 108
Hindenburg, Paul von 34
Hitler, Adolf 11, 34, 45, 47, 51, 54, 92
Hodges, Nicolas 29
Hoehn, Alfred 19, 74
Hoelscher, Ludwig 70, 72, 104
Hölderlin, Friedrich 94
Holland, Bernard 64
Honegger, Arthur 19, 21, 23, 34
Horowitz, Wladimir 15, 38, 47, 50
Huberman, Bronisław 19, 26, 109
Hurok, Sol 46f
Huxley, Aldous 13

Istomin, Eugene 51

Jochum, Eugen 30
Jung, C.G. 50
Jünger, Ernst 98

Kaiser, Joachim 48
Karajan, Herbert von 19, 30, 43, 45, 65f, 72, 111f
Kater, Michael 43
Keilberth, Joseph 30
Kempff, Wilhelm 11, 42f, 50, 98
Kenton, Stan 78
Kindler, Hans 53
Kiss, Pál 45
Kleiber, Erich 30
Klein, Arthur 56
Klemperer, Otto 25, 30, 34, 66
Knappertsbusch, Hans 50
Koch, Ilse 55f
Kochanski, Paul 19
Koechlin, Charles 98
Kopsch, Julius 18f

Korngold, Erich Wolfgang 21, 79, 108
Krauss, Clemens 49
Kreiten, Emmy 44f
Kreiten, Karlrobert 44
Krenek, Ernst 83f, 86, 94
Kubelik, Rafael 30
Kulenkampff, Georg 19, 27, 83
Kurz, Meyer 55
Kussewitzky, Sergej 30

Laubenthal, Rudolf 35
Legge, Walter 19, 65, 72
Lehar, Franz 50
Leimer, Karl 20f, 29f, 75, 107
Lepenies, Wolf 41
Lessing, Gotthold Ephraim 58
Levit, Igor 63
Lipatti, Dinu 65
Liszt, Franz 21, 33, 61, 64, 69, 110

Mahler, Gustav 45
Malipiero, Gian Francesco 94
Mancini, Henry 91
Mann, Erika 50
Mann, Thomas 50
Maritain, Jacques 50
Markevitch, Igor 30
Martin, Frank 18, 21, 110
Marx, Joseph 21, 76–78, 109f
Mayer, Hans 70
Mehta, Zubin 79
Mendelssohn Bartholdy, Felix 12, 43, 78
Mengelberg, Willem 30, 53, 62, 68, 80
Menotti, Gian Carlo 100
Menuhin, Yehudi 56
Meyer, Marcelle 68
Michelangeli, Arturo Benedetti 15, 47
Milstein, Nathan 47f
Mjaskowsky, Nikolaj 94
Moeschinger, Albert 21, 110
Montherlant, Henri de 50
Moodie, Alma 83f, 86
Moore, Marianne 100
Mozart, Wolfgang Amadeus 15, 19, 34, 43, 54, 61, 65f, 70, 98, 111f
Muller, Yvonne 94
Mussolini, Benito 57

Nabokov, Wladimir 98
Ney, Elly 50, 53, 79
Niemann, Walter 21, 23, 61
Nolde, Emil 45
Nyíregyházi, Ervin 13

Oppitz, Gerhard 19
Orlow, Nikolai 35, 40
Ormandy, Eugen 30
Ortheil, Hanns-Josef 29

Perlemuter, Vlado 68
Petrassi, Goffredo 21, 91, 94, 110
Pfitzner, Hans 17, 21, 43, 50, 73f, 77f, 86, 104, 108, 111
Piatigorsky, Gregor 47
Piston, Walter 21, 61
Pizzetti, Ildebrando 94
Planck, Max 50
Pohlman (Klaviertechniker) 37
Polgar, Alfred 49
Pollack, Howard 24
Poulenc, Francis 21, 58, 69, 98
Pound, Ezra 50f
Pressler, Menahem (Max) 51
Previn, André 91
Prieberg, Fred K. 42
Prokofjew, Sergei 24, 80

Rachmaninow, Sergei 19, 37f, 62, 73, 80, 99, 110f
Raphael, Günter 80
Rathaus, Karol 43
Raucheisen, Michael 43
Ravel, Maurice 17, 21f, 34, 43f, 54, 58, 61, 68, 70, 75, 86, 92, 97, 99, 108
Reger, Max 11, 19, 42, 61, 69, 73f, 77, 80, 86, 95
Reiner, Fritz 30
Respighi, Ottorino 78, 94
Reuss, August 21, 108
Reutter, Hermann 21
Richter, Swjatoslav 15
Rihm, Wolfgang 97
Rilke, Rainer Maria 86
Roloff, Helmut 45
Rosbaud, Hans 66
Rosenberg, Alfred 50
Rosenstock, Joseph 21, 43

Rother, Arthur 65
Rubinstein, Arthur 40, 46f, 50f
Rummel, Walter Morse 47

Sacks, Oliver 12
Samazeuilh, Gustave 61
Sauer, Emil von 40, 76
Savinio, Alberto 91, 95
Sawallisch, Wolfgang 11, 19, 70f
Scarlatti, Domenico 33, 100, 109
Schalk, Franz 77
Scheck, Gustav 83
Scherchen, Hermann 30, 103
Schereschewski, Solomon 12
Schlusnus, Heinrich 43
Schmitt, Florent 98
Schnabel, Artur 11, 15, 28, 34, 64f, 98
Schonberg, Harold 14, 48
Schönberg, Arnold 43, 61, 73, 94
Schreker, Franz 14, 86
Schröder, Kurt 94
Schubert, Franz 12, 28, 43, 61, 63
Schulhoff, Erwin 21, 23, 43, 46, 99
Schumann, Robert 12, 19, 21, 33f, 43, 61–64, 69–71, 100, 109
Schuricht, Carl 30
Schwarzkopf, Elisabeth 19, 43, 65
Scott, Cyril 21, 23, 108
Segal, Alfred 56
Serkin, Rudolf 11, 15, 50f
Sieburg, Friedrich 22, 41
Sinding, Christian 61
Skrjabin 23, 34, 62f, 108
Sloterdijk, Peter 15
Snowdon, Edward W. 53
Stein, Fritz 43
Stein, Max Martin 42
Steinecke, Wolfgang 70
Stokowski, Leopold 30
Strauss, Richard 19, 21, 34, 49, 61
Strawinsky, Igor 24, 28, 73, 86
Strecker, Ludwig 70
Strub, Max 19, 104
Szell, George 30
Szigeti, Joseph 19
Szymanowski, Karol 21, 23, 108

Tagliaferro, Magda 23
Tal, Josef 80
Tansman, Alexandre 21, 23, 46
Taschner, Gerhard 19, 70, 104
Taylor, Deems 50
Toch, Ernst 21, 43, 77, 79, 109
Toscanini, Arturo 30
Trapp, Max 21, 77, 80, 110
Tschaikowsky, Pjotr Iljitsch 19, 61, 74, 100

Vigolo, Giorgio 91, 94
Villa-Lobos, Heitor 21

Wagner (Agentur) 53, 55
Wagner, Charles L. 33
Wagner, Erika 102
Wagner, Friedelind 44
Walter, Bruno 30, 34, 77, 109
Wapnewski, Peter 44
Weingartner, Felix 30
Weisbach, Hans 79
Weismann, Julius 21
Whithorne, Emerson 21, 34
Williams, John 91
Wolf, Hugo 19
Wood, Sir Henry 64
Wührer, Friedrich 94

Zecchi, Carlo 40
Zimmerman, Krystian 15